Michael Gienger

Heilsteine

555 Steine von A–Z

Neue Erde

Hinweis des Verlages

Die Angaben in diesem Buch sind nach bestem Wissen und Gewissen zusammengestellt, und die beschriebenen Heilwirkungen der Steine wurden vielfach erprobt. Da Menschen aber unterschiedlich reagieren, können der Verlag und die Autoren im Einzelfall keine Garantie für die Wirksamkeit oder Unbedenklichkeit der Anwendungen übernehmen. Bei ernsthaften gesundheitlichen Beschwerden wenden Sie sich bitte an Ihren Arzt oder Heilpraktiker.

26. Auflage 2018
6. Auflage der erweiterten Neuausgabe von 2014

Heilsteine
Michael Gienger
mit Fotos von Ines Blersch

Titelseite:
Fotos: Karola Sieber, www.makrogalerie.de, außer
Calcit, orange: Ines Blersch, www.inesblersch.de
Gestaltung: Dragon Design, GB

Satz und Grafiken:
Dragon Design, GB
Gesetzt aus der News Gothic

Gesamtherstellung: Appel & Klinger, Schneckenlohe
Printed in Germany

ISBN 978-3-89060-748-1

Neue Erde GmbH · Cecilienstr. 29
66111 Saarbrücken · Deutschland · Planet Erde
www.neue-erde.de

FSC www.fsc.org
MIX
Papier aus verantwortungsvollen Quellen
FSC® C100257

Das umfassende und übersichtliche Verzeichnis zu den Wirkungen der Heilsteine

Im Jahr 1993 begannen die Arbeiten zu diesem Verzeichnis, im Jahr 2003 erschien die erste Ausgabe, die allein im deutschsprachigen Raum 500.000 mal verkauft und in sieben weitere Sprachen übersetzt wurde. Im Jahr 2013 legte der Autor Michael Gienger eine vollständig überarbeitete und stark erweiterte Neuausgabe vor. Sowohl neue Erkenntnisse zur Mineralogie, als auch neue Erfahrungen und Forschungsergebnisse in der Steinheilkunde haben die Überarbeitung und Vervollständigung dieses kleinen, aber inhaltlich reichhaltigen Standardwerks notwendig gemacht.

Ein solches Werk zu schaffen, das zwar klein erscheinen mag, doch den Gehalt einer ganzen Enzyklopädie in sich birgt, wäre ohne die fachliche Beratung von Dr. Andreas Stucki (Geologie) und Dipl.-Min. Bernhard Bruder (Mineralogie, Gemmologie) sowie die Unterstützung vieler HeilpraktikerInnen, ÄrztInnen und EdelsteinberaterInnen niemals möglich geworden. Allen Beteiligten sei daher ganz herzlich gedankt! Michael Gienger ist es auch in dieser Neuausgabe gelungen, die spezifischen Heilwirkungen von 555 Steinen kompakt und übersichtlich darzustellen – und doch jeden Heilstein präzise zu beschreiben und klar zu differenzieren. Dies gibt dem vorliegenden Büchlein seinen besonderen Wert.

Erstellt wurde dieses Verzeichnis für alle, die zuverlässige und überschaubare Informationen zu Heilsteinen suchen:

- Für alle interessierten Menschen, die sich über die Heilwirkungen von Steinen orientieren möchten.
- Für alle HeilpraktikerInnen, ÄrztInnen und EdelsteinberaterInnen als Repetitorium aktueller Heilsteine.
- Für alle, die mit Steinen arbeiten oder handeln, als wichtige Information über den aktuellen Stand der Steinheilkunde.

Kurz: Ein Verzeichnis für alle, die mit Steinen umgehen! Doch sehen Sie selbst...

Zum Gebrauch dieses Verzeichnisses

Das vorliegende Verzeichnis dient dazu, die derzeit gebräuchlichen Heilsteine mineralogisch und heilkundlich zu definieren und darzustellen. Es soll eine schnelle Orientierung über die wesentlichen Eigenschaften eines Steines bieten. Diese Informationen können dann – bei Bedarf – in der angegebenen Literatur vertieft werden. Im Einzelnen werden hier folgende Angaben gemacht:

Titel: Der Titel jedes Abschnitts nennt den oder die Namen des dargestellten Steins. Dazu werden neben mineralogischen Bezeichnungen auch Handelsnamen verwendet, wenn diese den besprochenen Stein noch genauer eingrenzen oder beschreiben. Um beides voneinander abzugrenzen, werden wissenschaftlich anerkannte Bezeichnungen schwarz, Handelsnamen dagegen **blau** gedruckt. Die hier gewählten Titel sind zugleich auch ein Vorschlag an den Handel und alle Interessierten für eine korrekte, unmissverständliche Deklaration der Steine.

Mineralogie: Hier finden Sie eine kurze mineralogische Definition des Minerals mit der Angabe des Kristallsystems und der Art der Entstehung (»primär« = magmatische Bildung, »sekundär« = durch Verwitterung und Ablagerung gebildet, »tertiär« = metamorphe Bildung unter Druck und Hitze). Diese Angaben sind neben der sichtbaren Farbe eines Steins für dessen Heilwirkung und Verwendung sehr wichtig. Ihre Bedeutung finden Sie bei Michael Gienger, »Die Steinheilkunde«, Neue Erde Verlag 1995.

Indikationen: Hier finden Sie die wichtigsten Heilwirkungen bzw. Wirkungsbereiche eines Steins. Dabei werden insbesondere jene Leitsymptome berücksichtigt, die den betreffenden Stein charakterisieren und von ähnlich wirkenden abgrenzen. Weitere Wirkungen können Sie der angegebenen Literatur entnehmen.

(G) bezeichnet den »geistigen oder spirituellen Bereich«, das Wesen des Menschen mit wichtigen Absichten, Zielen und Lebensthemen; **(S)** bezeichnet den »seelischen oder unterbewussten Bereich« mit Temperament, Gefühlen, Empfindungen, Träumen, seelischem Erleben, Gewohnheiten und unbewussten Reaktionen; **(V)** bezeichnet den »Verstand oder mentalen Bereich« mit Ideen, Überzeugungen, Betrachtungen sowie der Art des Denkens und bewussten Handelns; **(K)** bezeichnet den »körperlichen Bereich«, den gesamten Organismus mit seinen Sinnen, Organen und Funktionen.

Durch die Abgrenzung dieser vier Bereiche wird klar differenziert, was mit Hilfe der Steine beeinflusst, gefördert, gewandelt oder geheilt werden kann.

Lit.: Diese Angaben verweisen auf weiterführende Literatur, in der der betreffende Stein oder zumindest Steine derselben Art oder Familie beschrieben werden. Die Zahlen 1 bis 21 beziehen sich auf die Bibliographie auf Seite 123.

Verfüg.: Hier wird versucht, die Verfügbarkeit des betreffenden Steines einzuschätzen. Naturgemäß unterliegt diese oft großen Schwankungen, je nachdem, was in welchen Minen oder Fundstellen aktuell angetroffen und abgebaut wird. Daher sind diese Angaben niemals »absolut«! Sie sollen nur dazu beitragen, die Chancen einzuschätzen, einen gewünschten Heilstein in absehbarer Zeit im Handel zu finden. Auch ist die Verfügbarkeit nicht immer identisch mit der Seltenheit! Seltene Steine größerer Beliebtheit sind oft besser verfügbar, als häufiger vorkommende, jedoch weniger bekannte Steine. Im Einzelnen wurde die Verfügbarkeit folgendermaßen eingeteilt:

Sehr gut: Seit längerer Zeit ununterbrochen in großer Menge und verschiedenen Verarbeitungsformen verfügbar. In absehbarer Zeit sind keinerlei Lieferengpässe in den gängigen Verarbeitungsformen zu erwarten.

Gut: Meistens ausreichend verfügbar. Zumindest in bestimmten Verarbeitungsformen sind auch zukünftig keine wesentlichen Lieferengpässe zu erwarten.

Gering: Nicht immer verfügbar. Oft treten Lieferengpässe auf bzw. nur wenige Verarbeitungsformen sind eingeschränkt verfügbar. Die Ressourcen sind unbeständig oder begrenzt.

Selten: Schlecht verfügbar. Häufige, längere Lieferengpässe. Nur in ganz wenigen Verarbeitungsformen gelegentlich verfügbar. Ressourcen sind sehr eingeschränkt.

Rarität: Äußerst selten verfügbar. Nur zu bestimmten Gelegenheiten erhältlich. Für diese Steine gibt es nur minimale Ressourcen oder die bekannten Fundstätten sind bereits vollständig erschöpft oder nicht mehr zugänglich.

❍ Dieses letzte Kästchen soll Ihnen die Möglichkeit geben, Ihre eigenen Steine zu vermerken – als kleine Übersicht, welche Steine Sie bereits in Ihrer Sammlung, Ihrer Hausapotheke, Ihrem Testset oder Ihrem Behandlungsrepertoire haben.

Abalone (Paua-Muschel, Perlmutt)

Mineralogie: Bunte Muschelschale (Aragonit, rhombisch, sekundär)
Indikationen: **(G)** Frohsinn, Sicherheit, Schutz; **(S)** Überwinden von Niedergeschlagenheit, Unsicherheit und Enttäuschung; **(V)** achtsamer Umgang mit sich und anderen; **(K)** lindert Juckreiz und Entzündungen von Haut, Schleimhäuten und Sinnesorganen.
Lit.: 2 | 4 | 6 | 8 **Verfüg.:** sehr gut ❍

Achat

Mineralogie: Gebänderter Quarz (SiO_2, trigonal, primär/sekundär)
Indikationen: **(G)** Stabilität, Sammlung, Reife; **(S)** Schutz, Geborgenheit, Sicherheit; **(V)** Realitätssinn, pragmatisches Denken, einfache Problemlösung; **(K)** für Augen, Hohlorgane (Magen, Darm etc.), Blutgefäße und Haut. Schwangerschaftsschutzstein.
Lit.: 1–7 | 11 | 13 | 14 | 16 | 18 | 19 **Verfüg.:** sehr gut ❍

Achat »Augenachat«

Mineralogie: Achat mit augenähnl. Zeichnung (trig., prim./sekund.)
Indikationen: **(G)** Interesse, Abwehr, Schutz; **(S)** Standfestigkeit; bei Alpträumen; **(V)** hilft, den Dingen ins Auge zu schauen; **(K)** bei Entzündungen der Augen, Beschwerden der Bindehaut oder Netzhaut, Glaukom (grüner Star); für Gefäße und bei Prostatabeschwerden.
Lit.: 1–6 | 8 | 10 | 13 | 14 | 16 | 18 **Verfüg.:** gut ❍

Achat »mit Blasensignatur«

Mineralogie: Achat mit blasenähnl. Zeichnung (trig., prim./sekund.)
Indikationen: **(G)** Kontrolle, Loslassen, Ruhe; **(S)** Abgrenzung, Entspannung; **(V)** Konsequentes Umsetzen eigener Vorhaben; **(K)** bei Blasenbeschwerden, insbesondere Entzündungen, Harnverhalten, Inkontinenz sowie bei Prostatabeschwerden.
Lit.: 1–6 | 8 | 10 | 13 | 14 | 16 | 18 **Verfüg.:** gut ❍

Achat »Crazy Lace«

Mineralogie: Achat mit bizarrer Bänderung (trigonal, primär)
Indikationen: **(G)** Geschicklichkeit, Behendigkeit, Lebensfreude; **(S)** macht das Leben intensiver, fördert die Neugier; **(V)** hilft, die Routine des Gewohnten zu durchbrechen; **(K)** sehr gut bei Infektionen, Insektenstichen, Krampfadern, Hämorrhoiden und offenen Beinen.
Lit.: 2–6 | 8 | 13 | 14 | 17 **Verfüg.:** gut ❍

Achat »Dendritenachat«

Mineralogie: Achat mit Mangan-Dendriten (trigonal, primär/sekund.)
Indikationen: **(G)** Unversehrtheit, Reinigung; **(S)** Überwinden seelischer Grenzverletzungen und Belastungen; **(V)** Betrachten und Lösen unangenehmer Dinge; **(K)** Entschlackung des Gewebes; bei Haut-, Schleimhaut-, Lungen- und Darmbeschwerden.
Lit.: 1–6 | 8 **Verfüg.:** gering ❍

Achat »Donnerei«, »Amulettstein«

Mineralogie: Achat in Rhyolith-/Porphyrit-Knolle (trigonal, primär)
Indikationen: **(G)** Erwachen des eigenen Potentials; **(S)** schonen der eigenen Kräfte, gutes Gespür; **(V)** erfüllen eigener Bedürfnisse, lösen schwieriger Probleme; **(K)** für Magen, Pankreas, Darm, Leber, Nerven, Rückenmark, Gehirn, Immunsystem und Hormonhaushalt.
Lit.: 2–6 | 8 **Verfüg.:** gering ❍

Achat »mit Entzündungssignatur«

Mineralogie: Achat mit *natürlichem* Rosa (trigonal, primär/sekundär)
Indikationen: **(G)** Verwandlung, Trost, Besänftigung; **(S)** neue Zuversicht bei unglücklichen Umständen; **(V)** bedachtes Meistern von Schwierigkeiten; **(K)** bei Entzündungen aller Organe oder Gewebe, fördert die Schweißbildung bei Fieber.
Lit.: 1–6 | 8 | 10 | 13 | 14 | 16 | 18 **Verfüg.:** gering ❍

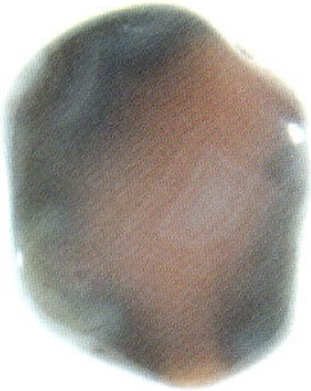

Achat »Festungsachat«

Mineralogie: Achat m. festungsähnl. Zeichnung (trig., prim./sekund.)
Indikationen: **(G)** Festigkeit, Stabilität; **(S)** fördert Schutz, Sicherheit und Belastbarkeit; **(V)** stärkt eigene Vorhaben, fördert Genauigkeit und Perfektion; **(K)** stabilisiert den Kreislauf, hilft bei Schwindel und Wetterfühligkeit, stärkt Milz, Magen, Pankreas, Darm und Blase.
Lit.: 2–6 | 8 | 12 **Verfüg.:** selten ❍

Achat »Feuerachat«

Mineralogie: Achat mit Lagen irisierenden Hämatits (trig., primär)
Indikationen: **(G)** Initiative, Engagement; **(S)** Fröhlichkeit, Zufriedenheit; **(V)** Tatkraft, positives Denken, Auswerten von Erfahrungen; **(K)** für Ausscheidung, bei Darmbeschwerden, insbesondere Blähungen, Durchfall, Verstopfung, (chronischer) Entzündung.
Lit.: 2–6 | 8 | 11 | 13 | 14 **Verfüg.:** selten ❍

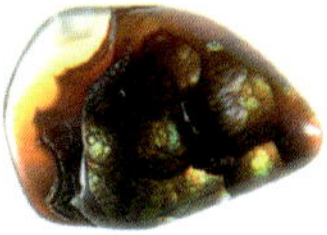

Achat »Flammenachat«

Mineralogie: Achat mit Flammenzeichnung (trigonal, prim./sekund.)
Indikationen: **(G)** Schutz und Sensibilität; **(S)** fördert Freundlichkeit und Unvoreingenommenheit, hilft, Verletzungen zu verarbeiten; **(V)** macht aufmerksam und regt an, Gelegenheiten zu ergreifen; **(K)** stärkt Sinnesorgane, organumhüllende Gewebe und Hohlorgane.
Lit.: 2 | 4 | 6 | 8 **Verfüg.:** gut ❍

Achat »mit Gebärmuttersignatur«

Mineralogie: Achat m. gebärmutterähnl. Zeichn. (trig., prim./sekund.)
Indikationen: **(G)** Wachstum, Entwicklung, Gedeihen; **(S)** Geborgenheit bei Heimweh oder Einsamkeit; **(V)** Achtsamkeit; **(K)** bei Gebärmutterentzündung, Menstruationsbeschwerden, in der Schwangerschaft und zur Rückbildung nach der Geburt.
Lit.: 1–6 | 10 | 13 | 14 | 16 | 18 **Verfüg.:** gut ❍

Achat »mit Hautsignatur«

Mineralogie: Achat ähnlich wie Hautschichten (trig., prim./sekund.)
Indikationen: **(G)** Kontakt, Abgrenzung; **(S)** Festigkeit und Beständigkeit; **(V)** konstruktives Nachdenken; **(K)** regulierend, aufbauend, entschlackend für die Haut, bei Ausschlägen, Entzündungen, Pilzinfektionen sowie trockener, spröder oder unreiner Haut.
Lit.: 1–6 | 8 | 13 | 14 | 16 | 18 **Verfüg.:** gut ❍

Achat »Holzachat«

Mineralogie: Achat in versteinertem Holz (trigonal, sekundär)
Indikationen: **(G)** Sammlung und Genügsamkeit; **(S)** für fest verwurzelte innere Ruhe, hilft bei Belastungen; **(V)** macht bodenständig, nüchtern und realistisch; **(K)** fördert die Verdauung, stärkt das Bindegewebe, beruhigt die Nerven, hilft bei vegetativer Dystonie.
Lit.: 4 **Verfüg.:** selten ❍

Achat »Kristall-Achat«

Mineralogie: Achat mit Bergkristall (trigonal, primär/sekundär)
Indikationen: **(G)** Erneuerung der Selbstkonzepte; **(S)** hilft, Erfahrungen zu verarbeiten und weckt verdrängte Erinnerungen; **(V)** fördert das Erkennen logischer Zusammenhänge; **(K)** gut für Augen, Magen, Darm und Blase, guter Schwangerschafts-Schutzstein.
Lit.: 1 | 2 | 4 **Verfüg.:** gering ❍

Achat »Laceachat«

Mineralogie: Achat mit geschwungener Bänderung (trigonal, primär)
Indikationen: (G) Gewandtheit, Beweglichkeit, Dynamik; **(S)** Lebhaftigkeit, Abwechslung; **(V)** Flexibilität in Denken und Handeln; **(K)** fördert den Gewebsstoffwechsel, sehr gut bei Infektionen, Insektenstichen, Krampfadern, Hämorrhoiden und offenen Beinen.
Lit.: 2–6 | 8 | 13 | 14 | 17 **Verfüg.:** gut ❍

Achat »Lamellenachat«

Mineralogie: Achat mit deutlichen Lamellen (trigon., prim./sekund.)
Indikationen: (G) Selbstgewahrsein, Balance von Aktivität und Ruhe; **(S)** Abgrenzung gegen unerwünschte Einflüsse; **(V)** fördert den Blick für Details und die Konzentration aufs Wesentliche; **(K)** gut für Gleichgewicht, Nerven, Sinne, Haut, Lunge, Dickdarm und Blase.
Lit.: 4 **Verfüg.:** gering ❍

Achat »mit Magensignatur«

Mineralogie: Achat mit magenähnl. Zeichnung (trig., prim./sekund.)
Indikationen: (G) Lebenserfahrung, Arbeit; **(S)** fördert das Verarbeiten von Eindrücken und Erfahrungen; **(V)** fördert Lernen und nüchternes Überlegen; **(K)** für Verdauung und Stoffwechsel, bei Magen- und Darmbeschwerden, z. B. Übelkeit oder Gastritis.
Lit.: 1–6 | 10 | 13 | 14 | 16 | 18 **Verfüg.:** gut ❍

Achat »mit Narbensignatur«

Mineralogie: Achat mit narbenähnl. Zeichnung (trig., prim./sekund.)
Indikationen: (G) Wiedergutmachung, Entlastung; **(S)** Verarbeiten vergangener Verletzungen; **(V)** aktives Bewältigen von Stress und Belastungen; **(K)** verbessert den Haut- und Gewebsstoffwechsel, fördert die Wundheilung, zur Verringerung der Narbenbildung.
Lit.: 2 | 3 | 4 | 5 **Verfüg.:** gering ❍

Achat »Röhrenachat«

Mineralogie: Achat mit röhrenartigen Kanälen (trig., prim./sekund.)
Indikationen: (G) Entfaltung, Fortschritt; **(S)** Zähigkeit, Akzeptanz des Unabänderlichen; **(V)** Einsicht, Überprüfen von Betrachtungen; **(K)** fördert Drüsentätigkeit und Stoffwechsel, sehr gut bei Prostata-, Blasen- und Verdauungsbeschwerden, potenzfördernd.
Lit.: 2 | 4 | 6 **Verfüg.:** selten ❍

Achat rosa, »Aprikosen-Achat«

Mineralogie: Achat, überwiegend rosafarben (trig., prim./sekund.)
Indikationen: **(G)** Ansporn, Anteilnahme; **(S)** Standfestigkeit, Schutz und Sicherheit; **(V)** für die tatkräftige Bewältigung schwieriger Aufgaben; **(K)** bei Entzündungen, regt die Nährstoffaufnahme im Darm sowie Stoffwechsel und Kreislauf an.
Lit.: 2–6 | 8 | 11 | 13 | 14 **Verfüg.:** gering ❍

Achat rot, »Fleischachat«

Mineralogie: Achat mit *natürlichem* Rot (trigonal, primär/sekundär)
Indikationen: **(G)** Stärke, Stabilität, Belastbarkeit; **(S)** Ausdauer und Kraft aus innerer Balance; **(V)** Entwickeln und bewusstes Einsetzen eigener Fähigkeiten; **(K)** stärkt Magen, Darm und Blutgefäße, fördert Kreislauf und Durchblutung.
Lit.: 1–6 | 8 | 11 | 13 | 14 **Verfüg.:** gering ❍

Achat »Schichtachat«, »Bandachat«

Mineralogie: Achat m. bandartigen Lagen (trigonal, prim./sekundär)
Indikationen: **(G)** Festigkeit und Zusammenhalt; **(S)** Schutz, Sicherheit, innerer Halt; **(V)** für pragmatisches Vorgehen in Denken und Handeln; **(K)** für Darm und Verdauung, fördert die Elastizität der Gefäßwände und beugt Krampfadern vor.
Lit.: 1–6 | 8 | 10 | 13 | 14 | 16 | 18 **Verfüg.:** gut ❍

Achat »Schlangenhautachat« (Chalcedon)

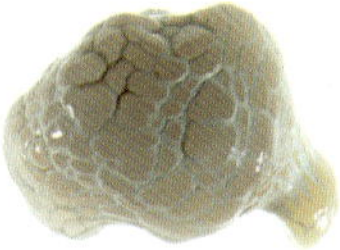

Mineralogie: Achat, Schlangenhaut-ähnlich (trigonal, sekundär)
Indikationen: **(G)** Klärung, Verständigung; **(S)** beruhigt aufgewühlte Emotionen; **(V)** für nüchternes Denken und überlegtes Handeln; **(K)** gut für Gehirn, Stoffwechsel, Lymphe und Körperflüssigkeiten, baut Verschleimung ab und lindert Allergien.
Lit.: 2 | 4 | 6 | 8 **Verfüg.:** selten ❍

Achat »Sternachat«

Mineralogie: Sternförmiger Achat in Lithophyse (trigonal, primär)
Indikationen: **(G)** Bewusstsein, Wachheit, Reife; **(S)** sicherer Selbstausdruck und innere Stabilität; **(V)** für gutes Verständnis und das Erkennen von Zusammenhängen; **(K)** stärkt Verdauung, Sinne, Nerven, Rückenmark, Gehirn, Immunsystem und Hormonhaushalt.
Lit.: 2 | 4–6 | 8 **Verfüg.:** gering ❍

Achat »Trümmerachat«
Mineralogie: Tektonisch deformierter Achat (trigonal, primär)
Indikationen: **(G)** Selbstgewissheit; **(S)** macht unberührbar gegenüber destruktiven Kräften; **(V)** hilft, gravierende Fehler zu korrigieren und Dinge in Ordnung zu bringen; **(K)** bei Zwerchfell-, Leisten- und Knochenbrüchen, zur Wundheilung und Rückbildung von Narben.
Lit.: 2 | 4 | 6 | 8 **Verfüg.:** Rarität ❍

Achat »Uruguay-Achat«
Mineralogie: Achat m. horizontalen Lagen (trigonal, primär/sekund.)
Indikationen: **(G)** Wahren der eigenen Kräfte; **(S)** klärt aufgewühlte Emotionen, bringt inneres Gleichgewicht, hilft bei Stress; **(V)** fördert die Klärung von Schwierigkeiten und Streitigkeiten; **(K)** gut für Darm, Bindegewebe und Haut, hilft bei Wasserblasen und Schwellungen.
Lit.: 2 | 4 | 6 | 8 **Verfüg.:** gering ❍

Achat »Ventilachat«
Mineralogie: Achat mit Ventilkanälen (trigonal, primär/sekundär)
Indikationen: **(G)** Begegnung, Vertrauen; **(S)** regt an, die eigenen Bedürfnisse zu erfüllen, hilft, Druck abzubauen; **(V)** macht offen für neue Impulse, Phantasie und Kreativität; **(K)** stärkt Harnwege, Blase, Prostata und Genitalien, lindert druckbedingte Beschwerden.
Lit.: 4 **Verfüg.:** selten ❍

Achat »Wasserachat«, »Enhydro«
Mineralogie: Wassergefüllter Achat (trigonal, primär/sekundär)
Indikationen: **(G)** Wachstum, Schutz, Entwicklung; **(S)** fördert Geborgenheit und innere Ruhe, verbessert das Einfühlungsvermögen; **(V)** verstärkt Fürsorge und Freimütigkeit; **(K)** Schwangerschaftsschutzstein; reguliert den Wasser- und Hormonhaushalt.
Lit.: 1–6 | 8 | 13 | 14 **Verfüg.:** selten ❍

Achat weiß, »Friedensachat«
Mineralogie: Farbloser, weißer Achat (trigonal, primär/sekundär)
Indikationen: **(G)** Ruhe, Frieden, Sicherheit; **(S)**, stärkt die innere Sammlung, für Güte, Lauterkeit und Unbeschwertheit; **(V)** fördert Toleranz und Nachsicht; **(K)** für Augen, Gehirn, Haut, Lymphe und Gewebe; Schwangerschaftsschutzstein.
Lit.: 2 | 4–6 | 8 **Verfüg.:** gut ❍

Achat weiß-schwarz, »Zebra-Achat«
Mineralogie: Schwarz-weiß gebänderter Achat (trig., prim./sekund.)
Indikationen: **(G)** Neuordnung, Besinnung, Reife; **(S)** ermöglicht Unvoreingenommenheit und Geradlinigkeit; **(V)** verbessert die Sorgfalt; für sachliches, nüchternes Ordnen des eigenen Lebens; **(K)** verbessert Motorik, Gehör- und Gleichgewichtssinn.
Lit.: 2 | 4–6 | 8 **Verfüg.:** gering ❍

Achat »mit Zellensignatur«
Mineralogie: Achat, an Zellen/Gewebe erinnernd (trigonal, primär)
Indikationen: **(G)** Wandlungsfähigkeit, Regeneration; **(S)** bringt Bewegung in erstarrte Gemütszustände; **(V)** fördert die Konzentration auf das Wesentliche; **(K)** für Gewebe, Stoffwechsel, Immunsystem, gut bei Infektionen und Hauterkrankungen.
Lit.: 2–5 | 13 | 14 **Verfüg.:** gering ❍

Aegirin
Mineralogie: Kettensilikat der Pyroxengruppe (monoklin, primär)
Indikationen: **(G)** Aufrichtigkeit, Tugend; **(S)** fördert Selbstachtung, hilfreich bei Beziehungsproblemen, Trennungen oder Trauer; **(V)** Ausrichtung auf wesentliche Ziele; **(K)** gut bei Rückenbeschwerden und Schmerzen, für Nerven, Muskeln, Knochen und Hormondrüsen.
Lit.: 4 | 6 | 8 | 9 **Verfüg.:** selten ❍

Aegirin-Augit in Matrix
Mineralogie: Kettensilikat der Pyroxengruppe (monoklin, primär)
Indikationen: **(G)** Haltung, Ausdauer; **(S)** fördert Langmut, hilft in schwierigen Situationen die Fassung zu bewahren; **(V)** für geduldiges Arbeiten (geistig u. körperlich); **(K)** fördert Verdauung, Darm und Nieren sowie die Tätigkeit der Hormondrüsen, schmerzlindernd.
Lit.: 4 | 6 **Verfüg.:** selten ❍

Aktinolith
Mineralogie: Kettensilikat der Amphibolgruppe (monoklin, tertiär)
Indikationen: **(G)** Geradlinigkeit, Neuorientierung, Konsequenz; **(S)** fördert das Selbstwertgefühl und innere Ausgeglichenheit; **(V)** regt zum konsequenten Verfolgen eigener Ziele an; **(K)** fördert Leber und Nieren sowie alle Wachstums- und Aufbauprozesse.
Lit.: 1 | 2 | 4–8 **Verfüg.:** gering ❍

Aktinolithquarz

Mineralogie: Aktinolith in Quarz (monoklin/trigonal, primär/tertiär)
Indikationen: **(G)** Neuorientierung, Bewusstheit, Kurskorrekturen; **(S)** fördert das Gespür für den richtigen Zeitpunkt; **(V)** unterstützt das Überwinden von Fehlern und Irrtümern; **(K)** fördert Leber und Nieren sowie Stoffwechsel, Entgiftung und Ausscheidung.
Lit.: 1 | 2–6 | 8 **Verfüg.:** selten ❍

Alabaster (Gips)

Mineralogie: Feinkristallines Calciumsulfat (monoklin, sekundär)
Indikationen: **(G)** Stabilität, Kontrolle, Abgrenzung; **(S)** hilft, Grenzen zu setzen und labile psychische Zustände zu stabilisieren, schützt bei Übersensibilität; **(V)** bewusste Wahrnehmung alter Muster; **(K)** löst Muskelverhärtungen und festigt Gewebe, Knorpel und Knochen.
Lit.: 2 | 4–6 | 16 | 17 **Verfüg.:** gut ❍

Alabaster orange (Gips)

Mineralogie: Feinkristalliner, eisenhaltiger Gips (monoklin, sekund.)
Indikationen: **(G)** Wohlwollen, Zusammenhalt; **(S)** innere Sammlung und Integration von Erfahrungen; **(V)** Besinnung auf sich selbst und die gegenwärtigen Aufgaben; **(K)** hilft bei chronischen Schwächezuständen und stärkt Muskeln, Sehnen, Bänder und Gelenke.
Lit.: 2 | 4–6 | 16 | 17 **Verfüg.:** gut ❍

Alabaster Engelberg (Gips)

Mineralogie: Alabasterknolle aus Leonberg (monoklin, sekundär)
Indikationen: **(G)** Selbstwahrnehmung, Abgrenzung; **(S)** für Ruhe und Gelassenheit, hilft, alte Muster zu überwinden, intensiviert Träume; **(V)** hilft, Prioritäten zu setzen; **(K)** für erholsamen Schlaf, besseres Körpergefühl, lindert Schmerzen und löst Spannungen.
Lit.: 2 | 4–6 | 8 **Verfüg.:** selten ❍

Albit hellblau (Feldspat)

Mineralogie: Bleihaltiger Natrium-Feldspat (Gerüstsilikat, trikl., prim.)
Indikationen: **(G)** Selbstakzeptanz, Anerkennung; **(S)** Balance innerer Bedürfnisse und äußerer Realität; **(V)** hilft, den wahren Wert und die Wichtigkeit vieler Dinge besser einzuschätzen; **(K)** für bewegliche Muskeln und motorische Sicherheit, stärkt Nieren und Blase.
Lit.: 2 | 4 | 6 | 8 **Verfüg.:** gering ❍

Albit weiß (Feldspat)
Mineralogie: Natrium-Feldspat (Gerüstsilikat, triklin, primär/tertiär)
Indikationen: **(G)** Wahrnehmung, Horizonterweiterung; **(S)** bringt Erleichterung, Öffnung und Weite; **(V)** verbessert die Wahrnehmung, hilft, neue Lebensperspektiven zu sehen; **(K)** macht das Atmen freier, gut für Augen, Ohren, geschmeidiges Gewebe, gesunde Haut.
Lit.: 2 | 4 | 6 | 8 **Verfüg.:** selten ❍

Alexandrit (Chrysoberyll)
Mineralogie: Chromhaltiger Chrysoberyll (rhombisch, tertiär)
Indikationen: **(G)** Medialität und Willensstärke; **(S)** intensiviert Träume und Gefühlswahrnehmung; **(V)** fördert Phantasie, Risikobereitschaft und Wahrnehmung der inneren Stimme; **(K)** bei Nervenleiden und Sinnesstörungen; lindert Entzündungen, fördert die Leber.
Lit.: 1 | 2 | 4 | 6 | 8 | 19 **Verfüg.:** Rarität ❍

Allalin-Gabbro
Mineralogie: eklogitisierter Metagabbro (überw. monoklin, tertiär)
Indikationen: **(G)** Erfolg durch sanfte Beharrlichkeit; **(S)** bringt Geduld, Ausdauer und Selbstvertrauen; **(V)** erleichtert die Entscheidungsfindung; **(K)** fördert Leber und Nieren sowie alle Regenerations-, Wachstums- und Aufbauprozesse des Körpers.
Lit.: 4 **Verfüg.:** gering ❍

Almandin (Granat)
Mineralogie: Eisen-Aluminium-Inselsilikat (kubisch, tertiär)
Indikationen: **(G)** Widerstandskraft; **(S)** stärkt die Willenskraft und hilft, die eigene Sexualität zu leben; **(V)** ermöglicht, Einsichten und eigene Vorstellungen gegen große Widerstände umzusetzen; **(K)** macht aktiv und regt Kreislauf, Blutbildung und Stoffwechsel an.
Lit.: 1–14 | 16 | 17 | 19 **Verfüg.:** gut ❍

Alunit (Alaun)
Mineralogie: Kalium-Aluminium-Sulfat (trigonal, primär/sekundär)
Indikationen: **(G)** Wohlbehagen, Bescheidenheit; **(S)** löst Missstimmungen, Ängste und Schuldgefühle auf; **(V)** fördert Genügsamkeit und Zurückhaltung; **(K)** hilft bei chronischen Entzündungen, Ekzemen und Hautausschlägen sowie bei Strahleneinwirkungen.
Lit.: 2 | 4 | 6 | 8 **Verfüg.:** gering ❍

Amazonit (Feldspat)

Mineralogie: Grüner, bleihaltiger Feldspat (triklin/monoklin, primär)
Indikationen: **(G)** Bestimmung des eigenen Schicksals; **(S)** Stimmungsausgleich; **(V)** harmonisches Zusammenwirken von Verstand und Intuition; **(K)** reguliert Stoffwechselstörungen (Leber), harmonisiert Gehirn, vegetative Nerven, innere Organe; zur Geburtshilfe.
Lit.: 1 | 2 | 4–8 | 10 | 11 | 13 | 14 | 17 **Verfüg.:** gut ❍

Amethyst dunkel (Quarz)

Mineralogie: Dunkelvioletter Kristallquarz (trigonal, sekundär)
Indikationen: **(G)** Wachheit, Gerechtigkeit, innerer Friede; **(S)** Überwinden von Trauer und Verlusten; **(V)** Bewusstheit, Urteilsvermögen, konstruktives Denken und Handeln; **(K)** gut für Haut; lindert Schmerzen, Verspannungen, senkt hohen Blutdruck.
Lit.: 1–7 | 10 | 11 | 13 | 14 | 16–19 | 21 **Verfüg.:** gut ❍

Amethyst hell (Quarz)

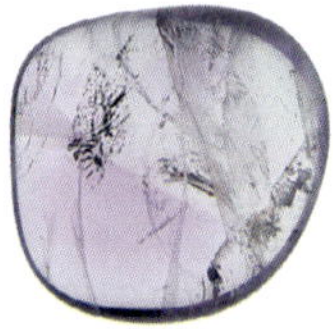

Mineralogie: Hellvioletter Kristallquarz (trigonal, sekundär)
Indikationen: **(G)** Friede, Spiritualität, Klärung, Meditation; **(S)** für Intuition, gute klare Träume, verbessert unruhigen Schlaf; **(V)** fördert bewusste Wahrnehmung und das Verarbeiten von Erfahrungen; **(K)** gut bei Kopfschmerzen, für Lunge, Haut und Nerven.
Lit.: 1–7 | 10 | 11 | 13 | 14 | 16–19 | 21 **Verfüg.:** sehr gut ❍

Amethyst tintig (Quarz)

Mineralogie: Sehr dunkelvioletter Kristallquarz (trigonal, primär)
Indikationen: **(G)** Wahrhaftigkeit, Gerechtigkeit; **(S)** Willenskraft, Überwinden von Schmerzen, Trauer und Verlusten; **(V)** fördert die Konzentration, hilft Fremdeinflüsse abzuwehren; **(K)** lindert Schmerzen, Prellungen und Schwellungen, hilft bei Durchfall.
Lit.: 1–8 | 11 | 13 | 14 **Verfüg.:** selten ❍

Amethystquarz, »Chevron-Amethyst« (Quarz)

Mineralogie: Violett-weiß gebänderter Kristallquarz (trigonal, primär)
Indikationen: **(G)** Nüchternheit, Reinheit, Sammlung, Ruhe; **(S)** wirkt aufbauend bei ständiger Müdigkeit, löst andauernden Kummer; **(V)** hilft, Verhaftungen und Suchtverhalten aufzulösen; **(K)** gut für Lunge, Dickdarm und Haut, lindert Juckreiz und Sonnenbrand.
Lit.: 1–7 | 11 | 13 | 14 | 17 **Verfüg.:** sehr gut ❍

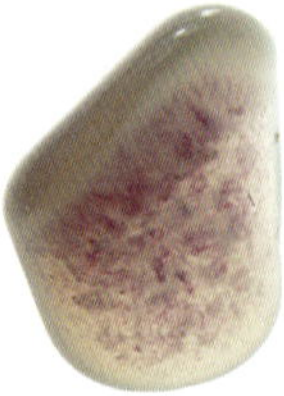

Amethyst auf Chalcedon (Quarz)

Mineralogie: Amethyst auf Chacedonbändern (trigonal, sekundär)
Indikationen: **(G)** Versöhnung, Friede, Güte; **(S)** fördert das Glücksempfinden und das Gefühl, die ganze Welt zu lieben; **(V)** hilft, Versöhnung in sich und zwischen anderen zu bewirken; **(K)** reinigt die Körperflüssigkeiten und harmonisiert den ganzen Organismus.
Lit.: 4 | 6 | 8 — **Verfüg.:** selten ❍

Ametrin (Quarz)

Mineralogie: Gelb-violetter Kristallquarz (trigonal, alle Bildungsber.)
Indikationen: **(G)** Heitere Gelassenheit, erfülltes Dasein; **(S)** Optimismus, Lebensfreude, Wohlbefinden; **(V)** Kreativität und Schwung für alle Anforderungen; **(K)** bringt ausgeglichene Körperspannung, harmonisiert das vegetative Nervensystem und den Stoffwechsel.
Lit.: 1 | 2 | 4–6 | 8 | 9 | 14 | 17 | 19 — **Verfüg.:** selten ❍

Ammolith (Korite, Calcentin)

Mineralogie: Ammonitenschale aus Aragonit (rhombisch, sekundär)
Indikationen: **(G)** Einklang, Würde, Pracht; **(S)** für Schönheitsempfinden, verführerischen Anreiz, Anziehungskraft; **(V)** weckt Interesse an Geheimnissen, löst mentale Fixierungen auf; **(K)** normalisiert Zellstoffwechsel, Energieumsatz, Herzrhythmus und stärkt das Herz.
Lit.: 4 | 6 | 8 — **Verfüg.:** Rarität ❍

Amphibolit

Mineralogie: Gestein m. Hornblende u. Feldspat (mono./trikl., tertiär)
Indikationen: **(G)** Ausgewogenheit, Ausgeglichenheit; **(S)** bringt Ruhe, hilft, Unzufriedenheit und Frustration zu überwinden; **(V)** bringt Tatkraft und hilft, Erwartungen loszulassen; **(K)** gut für vegetative Nerven, Verdauung, Nieren, Ohren, Stimmbänder und Kehlkopf.
Lit.: 4 | 6 — **Verfüg.:** gering ❍

Andalusit

Mineralogie: Aluminium-Inselsilikat (rhombisch, tertiär)
Indikationen: **(G)** Identität, Entdecken der Lebensaufgabe; **(S)** fördert Selbstsicherheit und Großzügigkeit; **(V)** hilft, groß und zugleich realistisch zu denken; **(K)** fördert Entsäuerung, hilft bei Magen- und Darmbeschwerden, wirkt stärkend bei Schwächezuständen.
Lit.: 2 | 4 | 6 | 8 — **Verfüg.:** gering ❍

Andradit (Granat)

Mineralogie: Calcium-Eisen-Inselsilikat (kubisch, tertiär)
Indikationen: (G) Selbstüberwindung, Orientierung; **(S)** für Intuition, Sicherheit und Vertrauen; **(V)** fördert Kreativität, Scharfsinn und Flexibilität; **(K)** leberanregend, blutbildend, verbessert Vitalität, Bewegungsdrang und Kondition, hilft bei ausbleibender Menstruation.
Lit.: 1 | 2 | 4 | 6 | 8 | 16 | 19 **Verfüg.:** selten ❍

Anhydrit blau (Angelit)

Mineralogie: Wasserfreies Calciumsulfat (rhombisch, sekundär)
Indikationen: (G) Stabilität, Stehvermögen; **(S)** hilft, extreme psychische Belastungen durchzustehen und Unsicherheit zu überwinden; **(V)** löst fruchtloses Grübeln und fixe Ideen auf; **(K)** regt die Nierenfunktion, den Wasserhaushalt und den Abbau von Ödemen an.
Lit.: 2 | 4 | 6 | 8 **Verfüg.:** gering ❍

Anhydrit violett

Mineralogie: Wasserfreies Calciumsulfat (rhombisch, sekundär)
Indikationen: (G) Erdung, Schutz, innerer Halt; **(S)** hilft, Schuldgefühle und emotionale Betroffenheit zu überwinden; **(V)** ermöglicht, das Leben verantwortlich in die Hand zu nehmen; **(K)** fördert die Entschlackung, stärkt Nieren, Blase und die Elastizität der Knochen.
Lit.: 2 | 4 | 6 | 8 **Verfüg.:** gering ❍

Anthophyllit

Mineralogie: Anthophyllit-Staurolith-Fels (rhombisch, tertiär)
Indikationen: (G) Selbstwert, Anerkennung; **(S)** baut Stress und selbstgeschaffenen Druck ab; **(V)** hilft, den eigenen Interessen Raum zu schaffen und diesen zu wahren; **(K)** hilft bei Nervenleiden sowie Beschwerden der Nieren und Ohren.
Lit.: 2 | 4–6 | 8 | 17 **Verfüg.:** selten ❍

Antimonit

Mineralogie: Dunkelgraues Antimonsulfid (rhombisch, tertiär)
Indikationen: (G) Einklang persönlicher Interessen mit höheren Idealen; **(S)** hilft, schädliche Gewohnheiten aufzugeben; **(V)** fördert Überwinden begrenzender Vorstellungen; **(K)** hilft bei Beschwerden der Verdauung (Magen), des Zahnfleischs und der Haut (Schuppen).
Lit.: 1–6 | 8 | 9 | 14 **Verfüg.:** gering ❍

Apatit blau

Mineralogie: Blaues Calciumphosphat (hexagonal, primär/tertiär)

Indikationen: **(G)** Motivation; **(S)** stabilisiert, hilft bei Antriebslosigkeit nach starker Verausgabung; **(V)** fördert Eigenständigkeit und Zielstrebigkeit; **(K)** wirkt aufbauend, entsäuert, hilft bei Rachitis, Arthrose, Osteoporose und der Heilung von Knochenbrüchen.

Lit.: 1–8 | 10 | 11 | 13 | 14 | 17 **Verfüg.:** gut ❍

Apatit gelb

Mineralogie: Gelbes Calciumphosphat (hexagonal, primär/tertiär)

Indikationen: **(G)** Antrieb; **(S)** macht extrovertiert, bringt Tatkraft und Schwung, hilft aus Apathie heraus; **(V)** macht optimistisch und zuversichtlich; **(K)** macht Appetit, mobilisiert Kraftreserven, verbessert die Haltung, hilft bei Knochen-, Knorpel- und Gelenkbeschwerden.

Lit.: 1–6 | 8–10 | 13 | 14 **Verfüg.:** selten ❍

Apatit grün

Mineralogie: Grünes Calciumphosphat (hexagonal, primär/tertiär)

Indikationen: **(G)** Kontaktfreude; **(S)** belebt, hilft bei Antriebslosigkeit nach starker Verausgabung; **(V)** fördert abwechslungsreiche Lebensgestaltung; **(K)** wirkt aufbauend, entsäuert, fördert Knorpel, Knochen- und Zahnbildung, hilft bei Knochenbrüchen.

Lit.: 1–6 | 8–10 | 13 | 14 **Verfüg.:** gering ❍

Apatit rosa

Mineralogie: Rosa Calciumphosphat (hexagonal, primär/tertiär)

Indikationen: **(G)** Fingerspitzengefühl; **(S)** macht heiter und bringt Schwung ins Leben; **(V)** bringt Verständnis und Toleranz für sich und andere; **(K)** hilft bei Berührungsempfindlichkeit, überreizten Nerven, Stoffwechselstörungen und schwächebedingten Herzbeschwerden.

Lit.: 1–6 | 8 | 9 | 13 | 14 **Verfüg.:** selten ❍

Apatit rot

Mineralogie: Rotes Calciumphosphat (hexagonal, primär/tertiär)

Indikationen: **(G)** Aktivität, Tatendrang; **(S)** aufbauend bei starker Verausgabung, sexuell anregend, hilft bei Impotenz; **(V)** bringt Interesse am Leben; **(K)** stärkt Muskulatur und Muskelleistung, regt den Kreislauf an, hilft bei Knochen-, Knorpel- und Gelenkbeschwerden.

Lit.: 1–6 | 8 | 9 | 13 | 14 **Verfüg.:** selten ❍

Apatit schwarz
Mineralogie: Schwarzes Calciumphosphat (hexagon., primär/tertiär)
Indikationen: **(G)** Eigenständigkeit; **(S)** fördert Selbstüberwindung und steigert die Leistungsfähigkeit; **(V)** hilft, die eigenen Kräfte sinnvoll einzusetzen; **(K)** hilft bei Folgen andauernder Belastung wie Tinnitus, Bluthochdruck, Reizdarm, Nieren- und Blasenbeschwerden.
Lit.: 1–6 | 8 | 9 | 13 | 14 **Verfüg.:** selten ❍

Apophyllit grün
Mineralogie: Wasserhaltiges Schichtsilikat (tetragonal, sekundär)
Indikationen: **(G)** Befreiung, Aufrichtigkeit; **(S)** hilft bei Ängsten, Druck und Beklemmungen, befreit zurückgehaltene Gefühle; **(V)** bringt den rettenden Lichtblick bei großer Belastung; **(K)** hilft bei Nerven-, Haut- und Atemwegsbeschwerden, Allergien und Asthma.
Lit.: 1–8 | 11–14 **Verfüg.:** selten ❍

Apophyllit farblos
Mineralogie: Wasserhaltiges Schichtsilikat (tetragonal, sekundär)
Indikationen: **(G)** Offenheit, Aufrichtigkeit; **(S)** hilft, Unsicherheit zu überwinden und offen zu zeigen, wie man ist; **(V)** hilft, Sorgen, Verhaftungen und Gedankenmuster loszulassen; **(K)** hilft bei Haut-, Schleimhaut- und Atemwegsbeschwerden, Allergien und Asthma.
Lit.: 1–8 | 11–14 **Verfüg.:** gut ❍

Aquamarin (Beryll)
Mineralogie: Eisenhaltiger Beryll, blau bis grün (hexagonal, primär)
Indikationen: **(G)** Weitblick, Voraussicht; **(S)** fördert Ausdauer, Disziplin, Leichtigkeit und Gelassenheit; **(V)** klärt Verwirrung, regt an, Unerledigtes zu vollenden; **(K)** hilft bei Allergien, Heuschnupfen, Beschwerden der Augen, Atemwege, Schilddrüse und Harnblase.
Lit.: 1–11 | 13 | 14 | 16–19 **Verfüg.:** gut ❍

Aragonit blau
Mineralogie: Blaues Calciumcarbonat (rhombisch, sekundär)
Indikationen: **(G)** Harmonische Entwicklung; **(S)** hilft, das innere Gleichgewicht zu wahren; **(V)** regt an, das Leben angenehm und erfreulich zu gestalten; **(K)** wirkt entzündungshemmend, kühlend und entkrampfend, gut bei Gelenkverletzungen, Arthritis und Juckreiz.
Lit.: 2–9 | 11 | 14 | 17 **Verfüg.:** gering ❍

Aragonit braun

Mineralogie: Braunes Calciumcarbonat (rhombisch, sekundär)

Indikationen: **(G)** Konstante Entwicklung; **(S)** stärkt bei Überforderung und Belastung; **(V)** ermöglicht, Angelegenheiten richtig einzuschätzen und umzusetzen; **(K)** fördert die Verdauung, gut für Zähne, Knochen, Knorpel, Bandscheiben, Meniskus, hilft bei Rheuma.

Lit.: 2–9 | 11 | 14 | 17 **Verfüg.:** gering ❍

Aragonit kristallin

Mineralogie: Kristallines Calciumcarbonat (rhombisch, sekundär)

Indikationen: **(G)** Sinnvolle Entwicklung; **(S)** hilft bei Überforderung durch zu viele Eindrücke und Verpflichtungen; **(V)** regt an, sich am Machbaren und Notwendigen zu orientieren; **(K)** fördert die Zahnentwicklung, erleichtert das Zahnen, gut für Bandscheiben und Meniskus.

Lit.: 1–9 | 11 | 14 | 17 **Verfüg.:** gering ❍

Aragonit weiß

Mineralogie: Weißes Calciumcarbonat (rhombisch, sekundär)

Indikationen: **(G)** Stabile Entwicklung; **(S)** hilft bei Überempfindlichkeit, stabilisiert zu schnelle Entwicklungen; **(V)** fördert die Konzentration, vermindert Sprunghaftigkeit; **(K)** lindert nervöses Zittern, stärkt Muskeln, Knochen, Bandscheiben, Immunsystem und Verdauung.

Lit.: 1–9 | 11 | 14 | 17 **Verfüg.:** gering ❍

Aragonit-Calcit gebändert

Mineralogie: Calciumcarbonate (rhombisch/trigonal, sekundär)

Indikationen: **(G)** Wachstum, Entlastung; **(S)** hilft bei Überforderung, wirkt beruhigend und aufbauend; **(V)** hilft, auch bei starker Belastung an etwas dran zu bleiben; **(K)** hilft bei Beschwerden von Magen, Darm, Bandscheiben, Gelenken und Meniskus.

Lit.: 2 | 4 | 5 | 8 | 9 | 11 | 17 **Verfüg.:** gut ❍

Astrophyllit in Syenit

Mineralogie: Astrophyllit: basisches Gruppensilikat (triklin, primär)

Indikationen: **(G)** Inspiration, Wahrhaftigkeit; **(S)** Wahrnehmen von Bedürfnissen, lebhaftes Träumen; **(V)** Aufarbeiten unerledigter Dinge, Offenheit, Ausdrucksfähigkeit; **(K)** für Dickdarm und Hormonsystem, hilfreich bei Menstruations- und Wechseljahresbeschwerden.

Lit.: 2 | 4 | 6 | 8 **Verfüg.:** selten ❍

Augit

Mineralogie: Kettensilikat der Pyroxengruppe (monoklin, prim./tert.)
Indikationen: **(G)** Haltung, Beständigkeit; **(S)** Auflösen von Druck und Belastungen, gibt innere Sicherheit; **(V)** unterstützt die bewusste Abwehr unterdrückender Einflüsse; **(K)** bei Verdauungs- und Rückenbeschwerden insbesondere durch seelischen Druck.
Lit.: 2 | 4 | 6 | 8 **Verfüg.:** gering ❍

Auripigment (Orpiment)

Mineralogie: Gelbes Arsensulfid (monoklin, primär)
Indikationen: **(G)** Lebensintensität, Vitalität; **(S)** wirkt aufmunternd, regt an, das Leben zu genießen, steigert die sexuelle Lust; **(V)** macht hellwach und fördert eine rasche Auffassungsgabe; **(K)** bringt die Wende bei chronischer Schwäche und auszehrenden Krankheiten.
Lit.: 4 | 6 **Verfüg.:** Rarität ❍

Auroraquarz (Quarz)

Mineralogie: Bergkristall mit irisierenden Zonen (trigonal, sekundär)
Indikationen: **(G)** Verbundenheit, Einheit; **(S)** hilft bei Einsamkeit, Trauer und dem Gefühl, nicht verstanden zu werden; **(V)** ermöglicht, alle Aspekte des Lebens wahrzunehmen; **(K)** macht die Atmung frei, hilft bei Beklemmungen, gut für Lunge, Atemwege, Augen und Ohren.
Lit.: 4 **Verfüg.:** Rarität ❍

Aventurinquarz blau (Dumortierit-Quarzit)

Mineralogie: Glitzernder Quarz mit Dumortierit (rhomb./trig., tertiär)
Indikationen: **(G)** Gelassenheit; **(S)** beruhigt, entspannt, lindert Nervosität; **(V)** hilft, interessante oder notwendige Vorhaben in Ruhe, jedoch konsequent anzugehen; **(K)** lindert Schmerzen und chronische Verspannungen, wirkt kühlend und fiebersenkend.
Lit.: 4–6 | 8 | 19 **Verfüg.:** selten ❍

Aventurinquarz grün (Fuchsit-Quarzit)

Mineralogie: Fuchsithaltiger glitzernder Quarz (mono./trig., tertiär)
Indikationen: **(G)** Unbeschwertheit; **(S)** hilft bei Nervosität, Stress und Schlafstörungen; **(V)** hilft, Sorgen und kreisende Gedanken loszulassen; **(K)** beugt Herzinfarkt und Arteriosklerose vor, lindert Ausschläge, Entzündungen, Sonnenbrand und -stich.
Lit.: 1 – 14 | 17–19 **Verfüg.:** sehr gut ❍

Aventurinquarz orange (Hämatit-Quarzit)

Mineralogie: Hämatithaltiger glitzernder Quarz (trigonal, tertiär)
Indikationen: **(G)** Heiterkeit; **(S)** fördert eine heitere, gelöste Stimmung; **(V)** regt an, die eigenen Träume zu leben, fördert eine entspannte Wachheit; **(K)** fördert die Blutbildung, durchblutet, erwärmt und belebt gefühllose Körperstellen, stärkt Leber und Sinne.
Lit.: 4 | 5 | 6 | 8 | 19 — **Verfüg.:** Rarität ❍

Aventurinquarz rot (Hämatit-Quarzit)

Mineralogie: Hämatithaltiger glitzernder Quarz (trigonal, tertiär)
Indikationen: **(G)** Besonnenheit; **(S)** vermittelt Stärke und innere Sicherheit; **(V)** fördert das pragmatische, besonnene Verfolgen eigener Ziele bis zum Erfolg; **(K)** regt Kreislauf, Durchblutung, Nerven und Sinneswahrnehmung an und fördert die Muskelkraft.
Lit.: 4–6 | 8 | 19 — **Verfüg.:** Rarität ❍

Aventurinquarz rot, »Himbeerquarz« (Piemontit-Quarzit)

Mineralogie: Piemontithaltiger glitzernder Quarz (mono./trig., tertiär)
Indikationen: **(G)** Großzügigkeit, Vergnügen; **(S)** macht beherzt, zuversichtlich, mutig und hilft, Bedürfnisse mitzuteilen; **(V)** macht verständnisvoll, neugierig und wissensdurstig; **(K)** fördert die Potenz und stärkt Genitalien, Nieren, Leber, Dünndarm, Herz und Nerven.
Lit.: 4–6 | 8 — **Verfüg.:** gering ❍

Aventurinquarz weiß (Muskovit-Quarzit)

Mineralogie: Muskovithaltiger glitzernder Quarz (mono./trig., tertiär)
Indikationen: **(G)** Vernunft, Ehrlichkeit; **(S)** hilft, sich zu sammeln sowie gefasst und selbstsicher aufzutreten; **(V)** macht umsichtig, hilft, sorgfältig abzuwägen und kluge Entscheidungen zu treffen; **(K)** hilft bei Nervosität, Zittern, Unwohlsein und Schweißausbrüchen.
Lit.: 4–6 | 8 — **Verfüg.:** Rarität ❍

Axinit

Mineralogie: Calcium-Aluminium-Borsilikat (triklin, tertiär)
Indikationen: **(G)** Entschlusskraft; **(S)** hilft, sich ein Herz zu fassen, und stärkt Zuversicht und Vertrauen; **(V)** bringt bei Zweifeln die richtige Erkenntnis; **(K)** hilft bei Empfindungs- und Bewegungsstörungen, Lähmungen, Neuropathien, Migräne und vegetativer Dystonie.
Lit.: 4 | 6 | 8 — **Verfüg.:** selten ❍

Azurit
Mineralogie: Basisches Kupfercarbonat (monoklin, prim./sekundär)
Indikationen: **(G)** Erkenntnis, Erfahrung; **(S)** offenbart und löst ungeprüft übernommene Vorstellungen; **(V)** macht nachdenklich, kritisch, fördert Bewusstheit und Selbsterkenntnis; **(K)** regt Leber, Gehirn, Nerven und Schilddrüse an, verbessert die Reaktion.
Lit.: 1 | 2 | 4–6 | 8 | 14 | 19 **Verfüg.:** gut ❍

Azurit-Malachit
Mineralogie: Basisches Kupfercarbonat (monoklin, prim./sekundär)
Indikationen: **(G)** Harmonie, Interesse; **(S)** macht aufgeschlossen, hilfsbereit und gleicht innere Zerissenheit aus; **(V)** bringt Verstand und Gefühl in Einklang, hilft, Konflikte zu lösen; **(K)** reguliert disharmonisches Zellwachstum, löst Krämpfe, stärkt Leber und Entgiftung.
Lit.: 1 | 2 | 4 | 6–8 | 19 **Verfüg.:** selten ❍

Baryt braun (Schwerspat)
Mineralogie: Braunes Bariumsulfat (rhombisch, alle Bildungsber.)
Indikationen: **(G)** Stabilität, Sicherheit; **(S)** stärkt das Leistungsvermögen und fördert die Selbständigkeit; **(V)** hilft, Ideen und Vorstellungen zu konkretisieren; **(K)** fördert die Haltung, hilft bei Ermattung, Hals- und Bauchschmerzen und reduziert Strahleneinwirkungen.
Lit.: 2 | 4 | 6 | 8 | 9 **Verfüg.:** gering ❍

Baryt rot (Schwerspat)
Mineralogie: Rotes Bariumsulfat (rhombisch, primär)
Indikationen: **(G)** Standpunkt, Durchsetzung; **(S)** hilft bei Niedergeschlagenheit und Minderwertigkeitsgefühlen; **(V)** ermöglicht anhaltende Konzentration bei geistiger Ermüdung; **(K)** hilft bei Muskelschwäche, Kälteempfindlichkeit und reduziert Strahleneinwirkungen.
Lit.: 2 | 4 | 6 | 8 | 9 **Verfüg.:** gering ❍

Baryt weiß (Schwerspat)
Mineralogie: Weißes Bariumsulfat (rhombisch, alle Bildungsber.)
Indikationen: **(G)** Begrenzung, Wichtigkeit; **(S)** klärt Verwirrung, hilft bei Schüchternheit und Kummer; **(V)** stärkt das Gedächtnis, hilft, Gedanken und Worte zu formulieren; **(K)** hilft bei Haut- und Drüsenerkrankungen, geschwollenen Lymphknoten und Strahleneinwirkungen.
Lit.: 2 | 4 | 6 | 8 | 9 **Verfüg.:** gering ❍

Basalt

Mineralogie: Kieselsäurearmes Vulkangestein (mono./trikl., primär)
Indikationen: **(G)** Bodenständigkeit; **(S)** stärkt die innige Verbindung zu sich selbst und anderen; **(V)** regt an, der eigenen inneren Wahrheit entsprechend zu handeln; **(K)** lindert chronische Spannung, Kopfweh, Migräne, Rückenbeschwerden, Schmerzen und Vestopfung.
Lit.: 2 | 4 | 6 | 8 **Verfüg.:** gut ❍

Basalt-Lava

Mineralogie: Poröser Basalt (monoklin/triklin, primär)
Indikationen: **(G)** Bewegung; **(S)** hilft, sich selbst zu spüren und des eigenen Befindens gewahr zu werden; **(V)** macht konsequent und schützt vor Nachlässigkeit und faulen Kompromissen; **(K)** entspannt die Unterleibsorgane, lindert Muskelkater, erwärmt die Gliedmaßen.
Lit.: 2 | 4 | 6 | 8 **Verfüg.:** gut ❍

Baumachat (Chalcedon)

Mineralogie: Weißer Chalcedon mit grünen Einschl. (trigon., prim.)
Indikationen: **(G)** Achtung, Unbescholtenheit; **(S)** hilft bei Unwohlsein, Unruhe und unangenehmen Gefühlen; **(V)** regt an, direkt zu kommunizieren und sachlich zu argumentieren; **(K)** hilft bei Impfschäden, Folgen früherer Erkrankungen und Immunschwäche.
Lit.: 4 **Verfüg.:** gut ❍

Baumachat (Quarz)

Mineralogie: Weißer Quarz mit grünen Einschlüssen (trigon., prim.)
Indikationen: **(G)** Beharrlichkeit, Unanfechtbarkeit; **(S)** Sicherheit, Stabilität und Ausdauer auch in unangenehmen Situationen; **(V)** hilft, Herausforderungen anzunehmen und zu meistern; **(K)** fördert Widerstandskraft und Immunsystem, hilft bei Infektanfälligkeit.
Lit.: 1 | 2 | 4 | 6 | 8 **Verfüg.:** gut ❍

Bergkristall (Quarz)

Mineralogie: Klarer Kristallquarz (trigonal, alle Bildungsbereiche)
Indikationen: **(G)** Klarheit, Neutralität; **(S)** stärkt den eigenen Standpunkt, verbessert die Erinnerung; **(V)** verbessert die Wahrnehmung, macht bewusst und bringt Klarheit im Denken; **(K)** fördert Energiefluss, Nerven, Gehirn, Drüsen, lindert Schmerzen und Schwellungen.
Lit.: 1 – 14 | 16–19 | 21 **Verfüg.:** sehr gut ❍

Bergkristall »Abzieherkristall« (Quarz)

Mineralogie: Kristall mit sehr großer Spitzenfläche (trig., prim./tert.)
Indikationen: **(G)** Linderung; **(S)** lässt Spannung abfließen, wirkt emotional erfrischend und stärkend; **(V)** hilft, fixierte Aufmerksamkeit zu lösen und die Umgebung besser wahrzunehmen; **(K)** wirkt fiebersenkend, entspannend, fördert den Energiefluss und die Ausleitung.
Lit.: 2–5 | 8 | 10 | 18 **Verfüg.:** gut ❍

Bergkristall »Ahnenquarz« (Quarz)

Mineralogie: Kristall mit tiefen Furchen (trigonal, primär/tertiär)
Indikationen: **(G)** Reife, Erfahrung; **(S)** hilft, Erlebnisse zu verarbeiten und sich an altes Wissen zu erinnern; **(V)** ermöglicht eine ganzheitliche Sicht der Dinge aus verschiedenen Blickwinkeln; **(K)** fördert rhythmische Körpervorgänge und beschleunigt Heilungsprozesse.
Lit.: 4 | 21 **Verfüg.:** Rarität ❍

Bergkristall »Blitzquarz« (Quarz)

Mineralogie: Kristall mit Blitzschlag-Spuren (trigonal, tertiär)
Indikationen: **(G)** Bewusstseinserweiterung; **(S)** stärkt die Intuition und intensiviert das Traumerleben; **(V)** fördert Präsenz, Achtsamkeit, Konfrontationsvermögen und Geistesblitze; **(K)** bringt Energie, intensiviert Reinigung und Ausscheidung, reguliert die Menstruation.
Lit.: 4 | 6 **Verfüg.:** Rarität ❍

Bergkristall »Brückenkristall« (Quarz)

Mineralogie: Kl. Kristall von größerem umwachsen (trig., prim./tert.)
Indikationen: **(G)** Vereinigung, Verständnis; **(S)** erinnert an vergessene und vernachlässigte Bedürfnisse; **(V)** hilft, Wünsche und Pflichten zu vereinen sowie auf andere zuzugehen; **(K)** verbessert die Körperwahrnehmung, hilft bei chronischen Beschwerden.
Lit.: 4 | 21 **Verfüg.:** selten ❍

Bergkristall »Doppelender« (Quarz)

Mineralogie: Kristall m. beidseitigen Spitzen (trig., alle Bildungsber.)
Indikationen: **(G)** Verbindung; **(S)** verbessert den Kontakt zu anderen Wesen, fördert die Erinnerung, auch an Träume; **(V)** fördert Verständnis, Telepathie und hilft, sich klar auszudrücken; **(K)** verbessert wechselseitigen Energiefluss und löst Blockaden.
Lit.: 2–6 | 8 | 18 | 21 **Verfüg.:** gut ❍

Bergkristall »Dow-Kristall« (Quarz)

Mineralogie: Kristall mit 3- u. 7-seitigen Spitzenfl. (trig., prim./tert.)
Indikationen: **(G)** Geistige Fähigkeiten; **(S)** hilft, im Einklang mit sich selbst zu sein; **(V)** hilft, die eigenen geistigen Fähigkeiten bewusst zu entwickeln und zu schulen; **(K)** gleicht Energiemangel und Überschuss im Organismus auf und stärkt dessen Selbstorganisation.
Lit.: 2 | 4–6 | 8 | 21 **Verfüg.:** selten ❍

Bergkristall »Fadenquarz« (Quarz)

Mineralogie: Kristallaggregat mit »Wachstumsfaden« (trig., tertiär)
Indikationen: **(G)** Heilung; **(S)** hilft bei extremer innerer Zerrissenheit und bei der Verarbeitung schmerzvoller Erfahrungen; **(V)** hilft, Unvereinbares zu verbinden und Brücken zu schlagen; **(K)** lindert Rückenbeschwerden und stärkt die Selbstheilungskräfte enorm.
Lit.: 4–6 | 8 **Verfüg.:** selten ❍

Bergkristall »Fensterkristall« (Quarz)

Mineralogie: Kristall mit rautenförmiger Fläche (trigonal, prim./tert.)
Indikationen: **(G)** Selbsterkenntnis, Reflektion; **(S)** bringt Einblicke ins eigene Seelenleben, fördert brachliegende Fähigkeiten; **(V)** hilft, sich selbst neutral zu betrachten und fördert die Wahrnehmung; **(K)** hilft, Widerstände gegen die Genesung aufzulösen.
Lit.: 2 | 4–6 | 8 | 21 **Verfüg.:** gering ❍

Bergkristall »Generatorkristall« (Quarz)

Mineralogie: Kristall mit pseudohex. Habitus (trig., alle Bildungsber.)
Indikationen: **(G)** Verstärkung; **(S)** fördert eine sichere, aufrechte innere Haltung; **(V)** hilft, Dinge in Gedanken und in der Kommunikation auf den Punkt zu bringen; **(K)** lenkt Energieflüsse in Richtung Spitze, stärkt und regt Meridiane und Nerven an.
Lit.: 2 | 4–6 | 8 | 21 **Verfüg.:** selten ❍

Bergkristall »Harmoniequarz«, »Selbstheiler« (Quarz)

Mineralogie: Kristall mit verheilter Bruchfläche (trig., alle Bildungsb.)
Indikationen: **(G)** Wiedergutmachung; **(S)** hilft, Schicksalsschläge und Konflikte in Beziehungen zu klären; **(V)** ermöglicht, selbst aus schmerzhaften Erfahrungen positive Gewinne zu ziehen; **(K)** regt die Selbstheilkräfte an, hilft bei Infektionen und Knochenbrüchen.
Lit.: 2 | 4 | 6 | 8 | 21 **Verfüg.:** gering ❍

Bergkristall »Herkimerquarz« (Quarz)

Mineralogie: Doppelendiger Kristall v. Herkimer/USA (trig., sekund.)
Indikationen: **(G)** Bewußtheit, Klarheit; **(S)** verbessert die Traumerinnerung und seelische Orientierung; **(V)** fördert Bewusstheit und Bewusstseinserweiterung; **(K)** wirkt schmerzlindernd (drei Kristalle im Dreieck aufgelegt), fördert Nerven, Gehirn und Sinne.
Lit.: 2–6 | 8 | 18 **Verfüg.:** Rarität ❍

Bergkristall »Isiskristall« (Quarz)

Mineralogie: Kristall mit fünfeckiger z-Fläche (trigonal, prim./tert.)
Indikationen: **(G)** Weiterentwicklung; **(S)** hilft, Verlust, Leid und Ungerechtigkeit zu meistern; **(V)** fördert Redlichkeit und Rechtschaffenheit, hilft, Fehler zu korrigieren und sich neu zu orientieren; **(K)** stärkt Regeneration, Selbstheilungskräfte und Immunsystem.
Lit.: 4 | 21 **Verfüg.:** selten ❍

Bergkristall »Kathedralenquarz« (Quarz)

Mineralogie: Kathedralenähnl. verwachs. Kristalle (trig., prim./tert.)
Indikationen: **(G)** Geistige Größe; **(S)** fördert Besinnung, Sammlung und Selbstgewahrsein; **(V)** ermöglicht, aus der Fülle von Wissen und Erfahrung zu schöpfen und viele Ideen zu verwirklichen; **(K)** stärkt die Milz und fördert die Belebung aller Organe und Körperfunktionen.
Lit.: 4 | 21 **Verfüg.:** selten ❍

Bergkristall »Kristallaggregat« (Quarz)

Mineralogie: Kristall m. aufgew. Kriställchen (trig., alle Bildungsber.)
Indikationen: **(G)** Wohlwollen, Verantwortung; **(S)** hilft, Schwächen in Stärken zu verwandeln und neue Erfahrungen zu wagen; **(V)** regt an, die eigenen Gaben zu teilen und andere zu unterstützen; **(K)** stärkt Nerven, Muskeln, Sehnen, Gelenke und Gliedmaßen.
Lit.: 4 | 6 | 8 | 21 **Verfüg.:** gering ❍

Bergkristall »Laserquarz« (Quarz)

Mineralogie: Kristall m. steilen Rhomboederflächen (trig., prim./tert.)
Indikationen: **(G)** Fokussierung; **(S)** hilft, die eigene Kraft zu bündeln und Reserven zu mobilisieren; **(V)** stärkt die geistige Absicht, fokussiert die Gedanken auf das aktuelle Ziel; **(K)** lenkt Energieflüsse Richtung Spitze, wirkt stark anregend auf Meridiane und Nerven.
Lit.: 2 | 4–6 | 8 | 13 | 14 | 21 **Verfüg.:** gering ❍

Bergkristall »Manifestationsquarz« (Quarz)

Mineralogie: Kl. Kristall als Einschluss in größerem (trig., prim./tert.)
Indikationen: **(G)** Gedeihen, Entfaltung; **(S)** gibt inneren Anliegen Raum und Nahrung, sich zu entwickeln; **(V)** regt an, Vorhaben und Beschlüsse in die Tat umzusetzen; **(K)** stärkt Rückgrat und Muskulatur, fördert Magen, Milz, Leber, Galle, Nieren und Blase.
Lit.: 4 | 21 **Verfüg.:** Rarität ❍

Bergkristall »Medialer Kristall« (Quarz)

Mineralogie: Kristall m. 7-seitiger Spitzenfläche (trig., alle Bildungsb.)
Indikationen: **(G)** Empfänglichkeit; **(S)** fördert Intuition, Sensibilität und mediale Fähigkeiten, bringt innere Stille und Offenheit; **(V)** verfeinert die Wahrnehmung, unterstützt Meditationen; **(K)** verbessert die Wahrnehmung des Körpers und seiner Bedürfnisse.
Lit.: 2 | 4–6 | 8 | 21 **Verfüg.:** gering ❍

Bergkristall »Nadelquarz« (Quarz)

Mineralogie: Nadelige, langprismatische Kristalle (trigonal, tertiär)
Indikationen: **(G)** Fluss, Ausrichtung; **(S)** bringt innere Bilder, Erinnerungen und Gefühle in Bewegung; **(V)** motiviert zu geistigem Fortschritt und Erfolg; **(K)** stärkt die Nerven, reguliert und lenkt Energieflüsse im Körper, hilft, Narben zu entstören.
Lit.: 2 | 4–6 | 8 **Verfüg.:** selten ❍

Bergkristall »Phantomquarz« (Quarz)

Mineralogie: Kristall m. sichtb. Jugendformen (trig., alle Bildungsb.)
Indikationen: **(G)** Grenzüberwindung; **(S)** hilft, Ängste zu überwinden, sich etwas zu trauen (und zuzutrauen); **(V)** hilft, die eigenen gedanklichen Grenzen zu erweitern, »Unmögliches« zu denken und zu tun; **(K)** fördert das Wachstum und die Entwicklung des Körpers.
Lit.: 1 | 2 | 4–6 | 8 | 21 **Verfüg.:** selten ❍

Bergkristall »Phantomquarz« mit Chlorit (Quarz)

Mineralogie: Kristall mit Chloritphantom (trigonal, tertiär)
Indikationen: **(G)** Wachstum, Entwicklungssprünge; **(S)** bringt Vertrauen und Lebensmut; **(V)** eröffnet unerwartete neue Horizonte und hilft, unbekannte Fähigkeiten zu entwickeln; **(K)** regt das Wachstum bei Kindern an, stärkt Regeneration und Immunsystem.
Lit.: 2 | 4–6 | 8 **Verfüg.:** selten ❍

Bergkristall »Regenbogenquarz« (Quarz)
Mineralogie: Kristall m. bunter Lichtreflektion (trig., alle Bildungsb.)
Indikationen: **(G)** Faszination; **(S)** lindert Kummer und Trauer, bringt Freude und regt an, am bunten Spiel des Lebens teilzunehmen; **(V)** hilft, negative Gedanken zu wandeln und Interesse zu entwickeln; **(K)** fördert alle Sinne, löst Beklemmungen und macht den Atem frei.
Lit.: 4 | 6 | 8 | 19 | 21 **Verfüg.:** gut ❍

Bergkristall »Samenquarz« (Quarz)
Mineralogie: Konisch verjüngender Kristall (trig., alle Bildungsber.)
Indikationen: **(G)** Initiative, Verwirklichung; **(S)** hilft, immer wieder von neuem zu beginnen; **(V)** regt an, Ideen durch Versuche und Experimente zu realisieren; **(K)** harmonisiert rhythmische Funktionen wie Atmung, Herzschlag und das Pulsieren der Körperflüssigkeiten.
Lit.: 4 | 21 **Verfüg.:** selten ❍

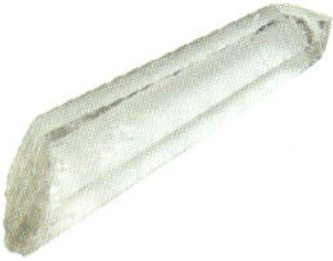

Bergkristall »Sammelkristall« (Quarz)
Mineralogie: Kristall mit Kante statt Spitze (trig., alle Bildungsber.)
Indikationen: **(G)** Sammlung; **(S)** wirkt aufbauend, hilft Kraft zu sammeln und mit den eigenen Energien hauszuhalten; **(V)** fördert ruhige, besonnene Aufmerksamkeit; **(K)** hilft, Energieüberschüsse abzuleiten und Fieber zu senken, klärt Raumatmosphären.
Lit.: 2 | 4–6 | 8 **Verfüg.:** sehr gut ❍

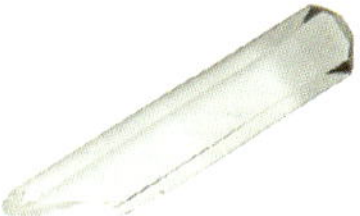

Bergkristall »Schamanen-Dow-Kristall« (Quarz)
Mineralogie: Dow-Kristall mit Phantom (trigonal, primär/tertiär)
Indikationen: **(G)** Selbstheilung; **(S)** schenkt tiefes Vertrauen, dass sich das Leben sinnvoll und richtig entwickelt; **(V)** hilft, nach Vollkommenheit zu streben und sich zugleich in Nachsicht zu üben; **(K)** bringt die Energieverteilung in Balance und stärkt die Selbstheilkräfte.
Lit.: 4 | 21 **Verfüg.:** Rarität ❍

Bergkristall »Skelettquarz«, »Elestial« (Quarz)
Mineralogie: Kristall mit Skelettwachstum (trigonal, sekundär/tertiär)
Indikationen: **(G)** Urwissen; **(S)** fördert Urvertrauen, Kräftezuwachs und rasche, spontane Entwicklungen; **(V)** hilft, das eigene Urwissen zu entdecken und zum Ausdruck zu bringen; **(K)** fördert und beschleunigt körperliche Entwicklungs- und Genesungsprozesse.
Lit.: 2 | 4–6 | 8 **Verfüg.:** selten ❍

Bergkristall »Sprossenquarz« (Quarz)

Mineralogie: Kristall mit vielen kl. Sprossen (trig., alle Bildungsber.)
Indikationen: **(G)** Lebensfülle; **(S)** wirkt aufbauend und belebend, macht kreativ und agil; **(V)** hilft, mit minimalen Mitteln viel Energie zu mobilisieren und Großes zu bewirken; **(K)** bringt Energie und schützt zugleich vor Verausgabung, stärkt Milz, Pankreas und Darm.
Lit.: 4 | 6 | 8 **Verfüg.:** selten ❍

Bergkristall »Szepterquarz« (Quarz)

Mineralogie: Kristall mit aufgewachs. Kristall (trig., alle Bildungsb.)
Indikationen: **(G)** Autorität, Macht; **(S)** ermöglicht, (wiederkehrende) Schwierigkeiten zu überwinden und sich durchzusetzen; **(V)** hilft zu erkennen, wie wir unsere eigene Wirklichkeit erschaffen; **(K)** stärkt Gehirn, Nerven, Drüsen, Milz, Nieren, Blase und Genitalien.
Lit.: 4 | 6 | 21 **Verfüg.:** Rarität ❍

Bergkristall »Tabularkristall« (Quarz)

Mineralogie: Sehr breiter, flacher Kristall (trigonal, primär/tertiär)
Indikationen: **(G)** Horizonterweiterung; **(S)** fördert Gemeinschaftssinn und Zurückstellen des eigenen Egos; **(V)** verbessert die Achtsamkeit für übergeordnete Notwendigkeiten, hilft, diese weiterzuvermitteln; **(K)** steigert alle körperlichen Kräfte, wenn notwendig.
Lit.: 2 | 4–6 | 8 | 21 **Verfüg.:** selten ❍

Bergkristall »Tantrische Zwillinge« (Quarz)

Mineralogie: Innig verwachsene Kristalle (trigonal, alle Bildungsber.)
Indikationen: **(G)** Beziehung, Einigkeit; **(S)** fördert den Einklang mit sich selbst und der Umgebung; **(V)** hilft, andere zu akzeptieren, Gemeinsamkeiten zu finden, offen zu kommunizieren und Verständnis zu entwickeln; **(K)** lindert Allergien und Unverträglichkeiten.
Lit.: 4 | 21 **Verfüg.:** gering ❍

Bergkristall »Transmitterkristall« (Quarz)

Mineralogie: 3seitige z-Fläche zw. 7seitigen r-Flächen (trig., pr./tert.)
Indikationen: **(G)** Im Reinen sein; **(S)** hilft, schlechtes Gewissen durch Eingeständnis, Aussprache und Wiedergutmachung aufzulösen; **(V)** fördert die Wahrnehmung der eigenen inneren Stimme; **(K)** verbessert die Kommunikation mit dem Körper.
Lit.: 2 | 4–6 | 8 | 21 **Verfüg.:** selten ❍

Bernstein blau

Mineralogie: Gelb-blaues fossiles Harz (organ., amorph, sekundär)
Indikationen: **(G)** Weisheit, Verständnis; **(S)** bringt Hilfsbereitschaft und ermöglicht, mit anderen in Eintracht zu leben; **(V)** hilft, den eigenen Standpunkt zu wahren und zugleich den anderer zu akzeptieren; **(K)** gut für Nerven, Atemwege, Schilddrüse und Hormonsystem.
Lit.: 4 | 19 | 20 **Verfüg.**: Rarität ❍

Bernstein braun

Mineralogie: Braunes fossiles Harz (organisch, amorph, sekundär)
Indikationen: **(G)** Kraft, Gedeihen; **(S)** besänftigt Zorn, Aggression, Unzufriedenheit, Neid, Rachsucht und Missgunst; **(V)** reduziert den Eigensinn und hilft, Energie sinnvoll einzusetzen; **(K)** gut für Magen, Darm und Blase, hilft bei Beschwerden im unteren Rücken.
Lit.: 1–14 | 16 | 17 | 19 | 20 **Verfüg.**: gut ❍

Bernstein gelb

Mineralogie: Gelbes fossiles Harz (organisch, amorph, sekundär)
Indikationen: **(G)** Sorglosigkeit; **(S)** für Fröhlichkeit und Vertrauen; **(V)** stärkt den Glauben an sich selbst; **(K)** für Magen, Milz, Pankreas, Galle, Leber, Gelenke, Haut, Schleimhäute, Drüsen und Darm, erleichtert das Zahnen, hilft bei Allergien, Rheuma und Diabetes.
Lit.: 1–14 | 16 | 17 | 19 | 20 **Verfüg.**: gut ❍

Bernstein rot

Mineralogie: Rotes fossiles Harz (organisch, amorph, sekundär)
Indikationen: **(G)** Liebe und Tapferkeit; **(S)** hilft, die eigene Wesensart stark und unverletzt zu bewahren; **(V)** fördert Entschlossenheit, Mut und Tatkraft; **(K)** lindert Herzbeschwerden, reguliert den Blutdruck und hilft bei Erkrankungen der männlichen Genitalien.
Lit.: 4 | 19 | 20 **Verfüg.**: selten ❍

Bernstein schwarz

Mineralogie: Schwarzes fossiles Harz (organ., amorph, sekundär)
Indikationen: **(G)** Abschied, Loslassen; **(S)** hilft bei Kummer und Ängsten, unterstützt in der Sterbebegleitung; **(V)** fokussiert die Aufmerksamkeit auf konkrete Ziele; **(K)** beugt Infektionen vor, stärkt die Füße und Rückenmuskulatur, schützt die Wirbelsäule.
Lit.: 4 | 6 | 8 | 19 | 20 **Verfüg.**: selten ❍

Bernstein weiß

Mineralogie: Weißes fossiles Harz (organisch, amorph, sekundär)
Indikationen: **(G)** Güte und Freude; **(S)** bringt Leichtigkeit, Wohlergehen und hilft, Extreme ins Lot zu bringen; **(V)** fördert die Traditionsverbundenheit und bringt Erfolg; **(K)** gut für Gehirn, Nerven, Herz, Lymphe und Hormonsystem, hilft bei Heiserkeit und Halsschmerzen.
Lit.: 4–6 | 8 | 19 | 20 **Verfüg.:** gering ❍

Beryll farblos (Goshenit)

Mineralogie: Beryllium-Aluminium-Ringsilikat (hexagonal, primär)
Indikationen: **(G)** Zielstrebigkeit, Effizienz; **(S)** fördert Geduld, Ausdauer, Disziplin und Offenheit; **(V)** fördert konzentriertes Lernen, Sorgfalt und systematisches Vorgehen; **(K)** hilft bei Kurz- und Weitsichtigkeit, stärkt die Nerven, lindert Übelkeit und Schmerzen.
Lit.: 1 | 2 | 4 | 6 | 8 | 16 **Verfüg.:** Rarität ❍

Beryll rot (Bixbit)

Mineralogie: Mangan- und lithiumhaltiger Beryll (hexagonal, primär)
Indikationen: **(G)** Kraft, Dynamik; **(S)** hilft bei Antriebslosigkeit, Überforderung und Auseinandersetzungen; **(V)** bringt Tatkraft, wenn unangenehme, schwierige Dinge lange aufgeschoben wurden; **(K)** stärkt Kreislauf und Nerven, hilft bei Folgen von Dauerstress.
Lit.: 1 | 2 | 4 | 6 | 8 | 19 **Verfüg.:** Rarität ❍

Beryll (Vanadiumberyll)

Mineralogie: Vanadiumhaltiger Beryll (hexagonal, primär)
Indikationen: **(G)** Sorgfalt, Vertrauen; **(S)** hilft bei Mutlosigkeit und Verzweiflung; **(V)** regt an, scheinbar Unmögliches anzupacken; **(K)** stärkt die Leber und das Funktionsgewebe der Organe (Parenchym), entgiftet und hilft bei Entzündungen und Degenerationsprozessen.
Lit.: 2 | 4 | 6 | 8 **Verfüg.:** selten ❍

Biotit-Linse (Gebärender Stein)

Mineralogie: Magnesium-Eisen-Glimmer (monoklin, tertiär)
Indikationen: **(G)** Selbstverwirklichung; **(S)** Schutz vor Fremdeinflüssen; **(V)** hilft, Entscheidungen zu treffen; **(K)** bei Übersäuerung, Rheuma, Gicht, Verstopfung, Ischialgie und Nierenleiden, erleichtert Geburten (aktiviert Wehen, entspannt Beckenboden u. Muttermund).
Lit.: 1–6 | 8 | 9 **Verfüg.:** Rarität ❍

Blauquarz (Dumortierit-Quarzit)
Mineralogie: Quarz m. Dumortierit-Einschlüssen (trig./rhomb., tert.)
Indikationen: (G) Leichtigkeit; **(S)** hilft bei Ärger, Hektik, Stress, lindert Stimmungsschwankungen und bringt Gemütsruhe; **(V)** fördert das Lernen durch Zuhören und Einfühlung; **(K)** lindert stressbedingte Hautreaktionen, beruhigt Nerven und Puls, kühlt und entspannt.
Lit.: 4 | 6 | 8 | 19 **Verfüg.:** gering ❍

Blauquarz (Indigolith-Quarz, Olenit-Quarz)
Mineralogie: Quarz mit Turmalin-Einschlüssen (trigonal, primär)
Indikationen: (G) Realitätssinn; **(S)** bringt das Gefühl von Weite und Leichtigkeit, fördert sexuelle Kontrolle u.a. bei vorzeitigem Samenerguß; **(V)** fördert pragmatisches Denken und Handeln; **(K)** lindert Schmerzen, wirkt kühlend und fiebersenkend, hilft bei Bronchitis.
Lit.: 2 | 4 | 6 | 19 **Verfüg.:** Rarität ❍

Brasilianit
Mineralogie: Wasserfreies, basisches Phosphat (monoklin, primär)
Indikationen: (G) Führung durch das Höhere Selbst; **(S)** hilft bei Alpträumen, Ängsten und Schlaflosigkeit; **(V)** ermöglicht, Dinge von einer höheren Warte zu betrachten; **(K)** lindert wiederkehrende Schmerzen, auch Menstruationsbeschwerden.
Lit.: 2 | 4 | 6 | 8 **Verfüg.:** selten ❍

Bronzit (Ferro-Enstatit)
Mineralogie: Kettensilikat der Pyroxengruppe (rhomb., prim./tert.)
Indikationen: (G) Innere Gelassenheit; **(S)** bringt Tatkraft und zugleich innere Ruhe sowie Erholung bei großer Erschöpfung; **(V)** hilft, im Dauerstress einen klaren Kopf und die Kontrolle zu wahren; **(K)** stärkt die Nerven, wirkt krampflösend und schmerzlindernd.
Lit.: 2–6 | 8 | 14 **Verfüg.:** gut ❍

Bronzit-Gabbro (Gabbro)
Mineralogie: Gabbro mit Bronzit und Labradorit (rhomb./trikl., prim.)
Indikationen: (G) Beachten, Durchdringen; **(S)** kräftigt und stärkt, fördert die eigene Aufmerksamkeit; **(V)** bringt tiefes Verständnis durch intensive Auseinandersetzung; **(K)** stärkt die Nieren, hilft bei Erkrankungen der Ohren und fördert den Gehörsinn.
Lit.: 4 **Verfüg.:** selten ❍

Bronzit-Peridotit

Mineralogie: Bronzithaltiger Meta-Peridotit (rhombisch, tertiär)
Indikationen: **(G)** Einsatz, Standhaftigkeit; **(S)** ermöglicht, die eigenen Kräfte zu wahren und sich nicht zu verausgaben; **(V)** hilft, auf sich selbst zu achten und Ansprüchen anderer Grenzen zu setzen; **(K)** lindert Krämpfe und Schmerzen, hilft bei Rheuma und Gicht.
Lit.: 4 **Verfüg.:** Rarität ❍

Budstone, »Prasemquarz«

Mineralogie: Quarz-Feldspat-Fuchsit-Gestein (trig./trikl./mono., tert.)
Indikationen: **(G)** Beherrschung; **(S)** erleichtert das Loslassen von Zorn und Wut; **(V)** hilft, bei emotionalen Reaktionen nicht die Kontrolle zu verlieren; **(K)** lindert Strahleneinflüsse, Sonnenbrand, Sonnenstich, Hitzschlag und Insektenstiche, hilft bei Blasenbeschwerden.
Lit.: 1–6 | 8 | 9 | 13 | 14 | 16 | 17 **Verfüg.:** gering ❍

Bustamit

Mineralogie: Manganhaltiger Wollastonit (triklin, tertiär)
Indikationen: **(G)** Erdverbundenheit, innerer Halt; **(S)** fördert die Fähigkeit, sich ganz einzulassen, und das Bejahen der Leiblichkeit; **(V)** hilft, die Gedanken zu konzentrieren und auszurichten; **(K)** fördert die Motorik sowie das Empfinden in Beinen und Füßen.
Lit.: 2 | 4 | 6 | 8 **Verfüg.:** selten ❍

Calcit »Doppelspat«

Mineralogie: Klarer Calcit-Spaltrhomboeder (trigonal, sekundär)
Indikationen: **(G)** Geistesgegenwart; **(S)** hilft, Trägheit zu überwinden und sich von Schuldgefühlen zu lösen; **(V)** ermöglicht, unvoreingenommen klare Schlussfolgerungen zu ziehen; **(K)** reinigt den Darm, verbessert die Ausscheidung und hilft bei Calciummangel.
Lit.: 2 | 4–6 | 8 **Verfüg.:** gering ❍

Calcit blau

Mineralogie: Blaues Calciumcarbonat (trigonal, sekundär)
Indikationen: **(G)** Urteilsvermögen; **(S)** wirkt beruhigend, macht innerlich stabil und sicher im Auftreten; **(V)** verbessert Gedächtnis und Unterscheidungsvermögen; **(K)** gut für Lymphe, Schleimhäute, Haut, Dickdarm, Bindegewebe, Knochen und Zähne.
Lit.: 1–9 | 13 | 14 | 17 | 19 **Verfüg.:** gut ❍

Calcit gelb, »Zitronencalcit«

Mineralogie: Eisenhaltiges Calciumcarbonat (trigonal, sekundär)

Indikationen: **(G)** Selbstwertgefühl; **(S)** stärkt Sicherheit, Selbstwert und Lebensfreude; **(V)** fördert Standfestigkeit in Auseinandersetzungen; **(K)** regt Verdauung, Nährstoffaufnahme und Stoffwechsel an, stärkt Haut, Bindegewebe, Knochen und Zähne.

Lit.: 1–7 | 11 | 13 | 14 | 16 | 19 **Verfüg.:** sehr gut ❍

Calcit grün

Mineralogie: Grünes Calciumcarbonat (trigonal, sekundär)

Indikationen: **(G)** Einfallsreichtum; **(S)** erleichtert es, blockierende Gefühle loszulassen; **(V)** macht offener und interessierter, hilft, Ideen in die Tat umzusetzen; **(K)** lindert Entzündungen, fördert die Entgiftung, hilft bei Leber- und Gallenbeschwerden.

Lit.: 1–8 | 13 | 14 | 16 | 17 | 19 **Verfüg.:** sehr gut ❍

Calcit honigfarben, »Honigcalcit«

Mineralogie: Eisenhaltiges Calciumcarbonat (trigonal, sekundär)

Indikationen: **(G)** Gewissheit; **(S)** fördert eine sichere, zuversichtliche Haltung zum Leben; **(V)** regt an, sich mehr auf das eigene Gefühl und Gespür zu verlassen; **(K)** regt Verdauung, Stoffwechsel und Ausscheidung an, stärkt Darm, Bindegewebe, Knochen und Zähne.

Lit.: 1–8 | 13 | 14 | 16 | 17 | 19 **Verfüg.:** gut ❍

Calcit orange, »Orangencalcit«

Mineralogie: Eisenhaltiges Calciumcarbonat (trigonal, sekundär)

Indikationen: **(G)** Selbstvertrauen; **(S)** stärkt die Selbstachtung und das Vertrauen in die eigenen Fähigkeiten; **(V)** fördert Optimismus, ohne den Boden der Realität zu verlassen; **(K)** fördert die Verdauung und Heilung von Bindegewebe, Haut und Knochen.

Lit.: 1–14 | 16 | 17 | 18 | 19 **Verfüg.:** sehr gut ❍

Calcit rosa, »Manganocalcit«

Mineralogie: Manganhaltiges Calciumcarbonat (trigonal, sekundär)

Indikationen: **(G)** Freundlichkeit; **(S)** fördert Wärme, Akzeptanz, Hilfsbereitschaft und freundliche Zuwendung; **(V)** hilft, anderen offen und zuvorkommend zu begegnen; **(K)** stärkt das Herz, normalisiert den Herzrhythmus, gut für Bindegewebe, Blutgefäße und Haut.

Lit.: 1–9 | 11 | 13 | 14 **Verfüg.:** gut ❍

Calcit rot

Mineralogie: Eisenhaltiges Calciumcarbonat (trigonal, sekundär)

Indikationen: (G) Selbstüberwindung; **(S)** hilft, Trägheit und Lustlosigkeit zu überwinden; **(V)** regt an, Ideen tüchtig und erfolgreich zu realisieren; **(K)** wachstumsfördernd, immunstärkend, regt Blutgerinnung und Wundheilung an, verbessert die Blutqualität.

Lit.: 1–9 | 13 | 14 | 16 | 19 — **Verfüg.:** gut ❍

Calcit weiß

Mineralogie: Calciumcarbonat (trigonal, sekundär)

Indikationen: (G) Entwicklung; **(S)** fördert die seelische Entwicklung; **(V)** macht im Denken und Handeln schneller und sicherer; **(K)** wirkt stoffwechselanregend sowie wachstumsfördernd bei Kindern, stärkt Schleimhäute, Haut, Darm, Bindegewebe, Knochen und Zähne.

Lit.: 1–14 | 16–18 | 19 — **Verfüg.:** sehr gut ❍

Cavansit

Mineralogie: Calcium-Vanadium-Schichtsilikat (rhombisch, sekund.)

Indikationen: (G) Selbstachtung, Sinn für Ästhetik; **(S)** Aufmunterung, Lebensbejahung, Zuversicht; **(V)** Inspiration, Lernfähigkeit, logisches Denken; **(K)** Reinigung und Regeneration, hilfreich bei Nieren-, Blasen- und Ohrenbeschwerden (Tinnitus).

Lit.: 2 | 4 | 6 | 8 | 9 — **Verfüg.:** selten ❍

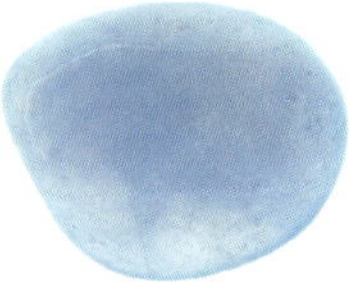

Chalcedon blau

Mineralogie: Faseriger Quarz (trigonal, primär/sekundär)

Indikationen: (G) Geistesgegenwart; **(S)** hilft, neue Situationen anzunehmen und Widerstände abzubauen; **(V)** vermittelt innere Ruhe und entspannte Aufmerksamkeit; **(K)** regt die Milchbildung bei stillenden Müttern an, hilft bei Wetterfühligkeit, lindert Diabetes.

Lit.: 1–6 | 8 | 11 | 13 | 14 | 17 | 19 — **Verfüg.:** gut ❍

Chalcedon blau gebändert, »Chalcedonachat«

Mineralogie: Faseriger Quarz (Siliciumdioxid, trigonal, primär)

Indikationen: (G) Kommunikation; **(S)** stärkt Redekunst und Selbstausdruck; **(V)** hilft, hinzuhören, zu verstehen und sich mitzuteilen; **(K)** fördert Lymphfluss, Schilddrüse, Nieren und Blase, hilft bei Heiserkeit, Erkältungen und Allergien, wirkt blutdruck- und fiebersenkend.

Lit.: 1–14 | 16 | 17 | 19 — **Verfüg.:** sehr gut ❍

Chalcedon gelb (Karneol gelb)

Mineralogie: Limonithaltiger Chalcedon (Quarz, trigonal, primär)

Indikationen: **(G)** Anspruchslosigkeit; **(S)** hilft, sich mit wenigem zu begnügen, fördert Zufriedenheit und Freude; **(V)** bringt Beständigkeit in Gedanken und Tun, hilft, einfache Lösungen zu finden; **(K)** hilft bei Kreislaufschwäche, stärkt die Verdauung und Ausscheidung.

Lit.: 2 | 4–6 | 8 | 19 **Verfüg.:** gut ❍

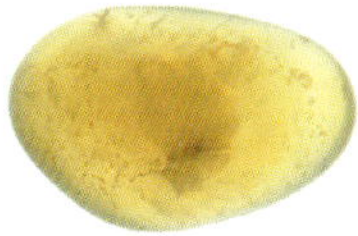

Chalcedon grün

Mineralogie: Chalcedon mit Eisensilikaten (Quarz, trigonal, primär)

Indikationen: **(G)** Schonung, Rücksicht; **(S)** fördert den rücksichtsvollen Umgang mit sich und anderen; **(V)** hilft, die eigenen Kräfte schonend einzusetzen; **(K)** stärkt die Immunabwehr, verbessert das Körpergefühl, hilft bei Infektionen, fördert die Sinne.

Lit.: 1 | 2 | 4–6 | 8 **Verfüg.:** gering ❍

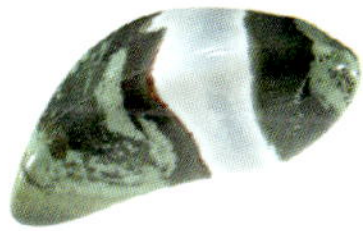

Chalcedon rosa, »Rosenchalcedon«

Mineralogie: Manganhaltiger Chalcedon (trigonal, primär/sekundär)

Indikationen: **(G)** Herzenswärme; **(S)** bringt Lebendigkeit, Güte und Hilfsbereitschaft; **(V)** fördert Offenheit und Verständnis; **(K)** regt die Milchbildung beim Stillen an, hilft bei Diabetes, Erkältungen und Herzerkrankungen als Folge verschleppter Infektionen.

Lit.: 1–6 | 8 | 9 | 11 | 14 | 17 **Verfüg.:** gut ❍

Chalcedon rot, »Blutchalcedon«

Mineralogie: Eisenhaltiger Chalcedon (trigonal, primär/sekundär)

Indikationen: **(G)** Spannkraft, Flexibilität; **(S)** fördert Stärke, Vitalität und Spannkraft; **(V)** stärkt die Absicht, hält flexibel, ohne den eigenen Standpunkt zu vergessen; **(K)** stabilisiert den Kreislauf, regt die Blutgerinnung an und fördert die Wundheilung.

Lit.: 1 | 2 | 4–6 | 8 | 9 | 11 **Verfüg.:** gut ❍

Chalcedon »Chromchalcedon«

Mineralogie: Chromhaltiger Chalcedon (trigonal, primär/sekundär)

Indikationen: **(G)** Unbekümmertheit; **(S)** fördert ein unbeschwertes Lebensgefühl, hilft bei Kummer und Verdruss; **(V)** hilft, offen zu bleiben für neue Ideen; **(K)** wirkt entzündungshemmend, auch bei rheumatischen Erkrankungen, Polyarthritis u.a.

Lit.: 1 | 2 | 4–6 | 8 **Verfüg.:** gering ❍

Chalcedon »Dendritenchalcedon«

Mineralogie: Chalc. m. Mangandendriten (trigonal, primär/sekundär)
Indikationen: **(G)** Entwöhnung; **(S)** befreit von unbewussten Mechanismen, Gewohnheiten und Stimmungen; **(V)** fördert präzises Denken und genaues Hinhören; **(K)** regt die Reinigung von Lymphe, Schleimhäuten und Atemwegen an, lindert Folgen des Rauchens.
Lit.: 1 | 2 | 4–6 | 8 **Verfüg.:** gut ❍

Chalcedon »Kupferchalcedon«

Mineralogie: Kupferhaltiger Chalcedon (trigonal, sekundär)
Indikationen: **(G)** Genießen, Harmonie; **(S)** bringt Sinnesfreude, Offenheit und Freundlichkeit; **(V)** fördert Urteilsvermögen, Toleranz, wertfreie Betrachtung und den Sinn für Ästhetik; **(K)** entgiftet, hemmt Entzündungen, hilft bei Pilzinfektionen, wirkt immunstärkend.
Lit.: 1 | 2 | 4–6 | 8 **Verfüg.:** selten ❍

Chalcedon-Rosetten

Mineralogie: Blütenähnliche Chalcedonbildungen (trigonal, primär)
Indikationen: **(G)** Entfaltung; **(S)** macht kontaktfreudig und aufnahmebereit; **(V)** hilft, sich selbst offen zu zeigen und unverblümt mitzuteilen; **(K)** hilft bei Beschwerden von Magen, Haut, Schleimhäuten, Atemwege, Drüsen, Gewebe und Sinnesorganen (je nach Signatur).
Lit.: 1–6 | 8 | 9 **Verfüg.:** gut ❍

Chalkopyrit

Mineralogie: Kupfer-Eisen-Sulfid (tetragonal, alle Bildungsbereiche)
Indikationen: **(G)** Neugier, Erfahrung; **(S)** bringt die Ursachen von Problemen und Krankheiten ans Licht; **(V)** fördert den Wunsch, das Leben zu verstehen, verbessert Beobachtungsgabe und systematisches Denken; **(K)** fördert Reinigung und Ausscheidung (Darm).
Lit.: 2 | 4–6 | 8 **Verfüg.:** gut ❍

Chalkopyrit-Nephrit

Mineralogie: Chalkopyrit-Nephrit-Gemenge (tetrag./monokl., tertiär)
Indikationen: **(G)** Einsicht, Erfahrung; **(S)** bringt die ungeliebten Schattenseiten hervor und hilft, diese zu akzeptieren oder zu wandeln; **(V)** hilft, aus Fehlern zu lernen (Erfahrung macht klug); **(K)** fördert Reinigung und Ausscheidung über Nieren und Darm.
Lit.: 2 | 4 | 5 **Verfüg.:** selten ❍

Charoit
Mineralogie: Mineralstoffreiches Schichtsilikat (monoklin, tertiär)
Indikationen: **(G)** Tatkraft, Entschlossenheit; **(S)** macht gelassen, hilft, Zwänge und Widerstände zu überwinden; **(V)** hilft, wichtige Entscheidungen zu treffen und Berge von Arbeit zu bewältigen; **(K)** beruhigt die Nerven, wirkt schmerzlindernd und krampflösend.
Lit.: 1 | 2 | 4–9 | 11 | 12 | 14 | 19 **Verfüg.:** gering ❍

Chiastolith (Andalusit)
Mineralogie: Aluminium-Inselsilikat m. Kohlenstoff (rhomb., tertiär)
Indikationen: **(G)** Identität, Umsetzen der Lebensaufgabe; **(S)** hilft, Ängste und Schuldgefühle aufzulösen; **(V)** fördert Realitätssinn und Nüchternheit; **(K)** lindert Übersäuerung, Rheuma und Gicht, hilft bei Erschöpfung, Schwächezuständen und Lähmungserscheinungen.
Lit.: 1 | 2 | 4–6 | 8 | 9 | 14 **Verfüg.:** selten ❍

Chromdiopsid
Mineralogie: Chromhaltiger Diopsid (Kettensilikat, monoklin, tertiär)
Indikationen: **(G)** Geisteskraft, Inspiration; **(S)** regt an, spielerisch an das Leben heranzugehen, bringt Lebendigkeit, Harmonie und Lebensfreude; **(V)** fördert die Vorstellungskraft und Kreativität; **(K)** stärkt Nieren, Sinne und Nerven, lindert lokale Entzündungen.
Lit.: 2 | 4–6 | 8 **Verfüg.:** selten ❍

Chromgrossular (Granat)
Mineralogie: Chromhaltiger Grossular (Inselsilikat, kubisch, tertiär)
Indikationen: **(G)** Aufbau, Selbstbestimmung; **(S)** bringt neuen Schwung in Zeiten der Stagnation; **(V)** belebt Ideenvielfalt und Kreativität; **(K)** stärkt Leber und Nieren, entgiftet und lindert Entzündungen, reguliert den Fettstoffwechsel, beugt Arteriosklerose vor.
Lit.: 2 | 4–6 | 8 | 14 **Verfüg.:** selten ❍

Chrysanthemenstein (Coelestin in Kalkstein)
Mineralogie: Coelestin (rhombisch) in Kalkstein (trigonal, sekundär)
Indikationen: **(G)** Umsicht; **(S)** wirkt emotional stabilisierend, zentriert, für eine feste, positive Lebenshaltung; **(V)** macht ruhig, besonnen sowie eher langsam und bedächtig; **(K)** fördert den Aufbau von Knochen und Gewebe, lindert nervöse Störungen innerer Organe.
Lit.: 4 | 6 **Verfüg.:** gering ❍

Chrysoberyll

Mineralogie: Aluminium-Beryllium-Oxid (rhombisch, primär/tertiär)
Indikationen: **(G)** Selbstbeherrschung, Disziplin; **(S)** bei Ängsten, Beklemmungen, Stress, Nervosität, Hyperaktivität; **(V)** fördert Konzentration, Lernfähigkeit und strategisches Denken; **(K)** bei Nervenleiden, Sprachstörungen, Stottern, Sinnesstörungen; fördert die Leber.
Lit.: 1–9 | 12 | 14 | 19 **Verfüg.:** selten ❍

Chrysoberyll-Katzenauge

Mineralogie: Chrysoberyll m. Katzenauge (rhombisch, primär/tertiär)
Indikationen: **(G)** Selbstbestimmung, Überzeugung; **(S)** fördert Sicherheit, Selbstbewusstsein und Autorität; **(V)** hilft, fest zu den eigenen Überzeugungen zu stehen und andere zu überzeugen; **(K)** stärkt Leber, Gehirn, Nerven, Sinne und Immunsystem.
Lit.: 1–7 | 12 | 14 | 19 **Verfüg.:** selten ❍

Chrysokoll

Mineralogie: Wasserh. Kupfer-Ringsilikat (monoklin, prim./sekund.)
Indikationen: **(G)** Ausgeglichenheit; **(S)** bei Stress und Stimmungsschwankungen; **(V)** hilft, einen kühlen Kopf zu wahren; **(K)** stärkt die Leber, entspannt, hilft bei Infektionen, Halsentzündung, Verbrennungen, Narben, Fieber, Krämpfen und Menstruationsbeschwerden.
Lit.: 1 – 9 | 11–14 | 17 | 19 **Verfüg.:** gut ❍

Chrysopras (Chalcedon)

Mineralogie: Nickelhaltiger Chalcedon (Quarz, trigonal, sekundär)
Indikationen: **(G)** Entgiftung; **(S)** fördert Vertrauen und Geborgenheit, hilft bei Liebeskummer, Eifersucht, Alpträumen; **(V)** hilft, Beziehungsprobleme zu klären; **(K)** entschlackt, entgiftet und hilft bei Allergien, Epilepsie, Hauterkrankungen, Pilzinfektionen und Rheuma.
Lit.: 1 – 9 | 11–14 | 16 | 17 | 19 **Verfüg.:** gut ❍

Cinnabarit (Zinnober)

Mineralogie: Quecksilbersulfid (trigonal, primär/sekundär)
Indikationen: **(G)** Unnachgiebigkeit; **(S)** hilft bei Unbeständigkeit, Unruhe, Nervosität; **(V)** lindert Konzentrationsstörungen; **(K)** bei verhärteten Drüsen und Erkrankungen von Darm, Haut und Schleimhäuten. **Vorsicht:** Kann metallisches Quecksilber enthalten – giftig!
Lit.: 2 | 4–6 | 8 **Verfüg.:** selten ❍

Cinnabarit-Opal (Zinnober-Opal)

Mineralogie: Opal mit Cinnabariteinlager. (amorph/trigonal, primär)
Indikationen: **(G)** Tiefenreinigung; **(S)** hilft, festsitzende destruktive Muster zu wandeln; **(V)** macht lernfähig und flexibel; **(K)** entgiftet sehr intensiv bis hin zur Schwermetallausleitung, oft jedoch mit starken Erstverschlimmerungen. Hilft bei Angina und Entzündungen.
Lit.: 4–6 | 8 **Verfüg.:** Rarität ❍

Citrin (Quarz, eisenfrei)

Mineralogie: Gelber Kristallquarz (Siliciumdioxid, trigonal, primär)
Indikationen: **(G)** Selbstsicherheit; **(S)** macht extrovertiert und fördert den Wunsch nach neuen Erfahrungen; **(V)** hilft, aufgenommene Eindrücke zu verarbeiten und zu verstehen; **(K)** stärkt die Nerven, lindert Wetterfühligkeit und hilft mitunter bei Bettnässen.
Lit.: 1 – 9 | 11–14 | 19 | 21 **Verfüg.:** gering ❍

Citrin (Quarz, eisenhaltig)

Mineralogie: Eisenhalt. Kristallquarz (trigonal, alle Bildungsbereiche)
Indikationen: **(G)** Lebensmut; **(S)** bringt Lebensfreude, stärkt den Selbstausdruck, hilft bei Depression; **(V)** fördert die Entschlossenheit und Konfrontationsfähigkeit; **(K)** stärkt Magen, Milz und Bauchspeicheldrüse, wirkt erwärmend und fördert das Leistungsvermögen.
Lit.: 1–9 | 11–14 | 19 | 21 **Verfüg.:** gering ❍

Coelestin

Mineralogie: Strontiumsulfat (rhombisch, sekundär)
Indikationen: **(G)** Erleichterung und Stabilität; **(S)** hilft bei Schwere-, Einengungs-, Beklemmungs- und Ohnmachtsgefühlen; **(V)** bringt Struktur ins Leben, Denken und Arbeiten; **(K)** löst chronische Verspannung und Verhärtungen in Knochen, Geweben u. Organen auf.
Lit.: 2 | 4–6 | 8 | 9 | 14 **Verfüg.:** gut ❍

Cordierit (Iolith, Dichroit)

Mineralogie: Aluminium-Ringsilikat mit Mg u. Fe (rhombisch, tertiär)
Indikationen: **(G)** Unerschütterlichkeit; **(S)** Entschiedenheit, Durchhaltevermögen in widrigsten Umständen; **(V)** hilft, Verantwortung zu übernehmen und Pflichten zu erfüllen; **(K)** stärkt die Nerven, hilft bei Lähmungen und tauben Gliedern, erleichtert Schmerzen zu ertragen.
Lit.: 2 | 4–6 | 8 | 14 **Verfüg.:** gut ❍

Cordierit **»Iolith-Sonnenstein«, »Aventurin-Cordierit«**

Mineralogie: Cordierit mit Hämatiteinlagerungen (rhombisch, tertiär)
Indikationen: **(G)** Überwindungskraft; **(S)** Hoffnung in schwierigen Situationen; **(V)** fördert die Fähigkeit, geistigen Gewinn aus Niederlagen zu ziehen; **(K)** krampflösend, steigert die Leistungsfähigkeit, stabilisiert den Kreislauf und hilft bei Schwächeanfällen.
Lit.: 4–6 | 8 | 11 **Verfüg.:** selten ❍

Covellin

Mineralogie: Blaues (nass violettes) Kupfersulfid (hexagon., sekund.)
Indikationen: **(G)** Selbstliebe, Selbsterkenntnis; **(S)** hilft bei Unzufriedenheit, Arroganz und Eitelkeit; **(V)** hilft, sich anzunehmen, wie man ist; **(K)** verbessert das Körpergefühl, bringt Spannung und Entspannung ins Lot, stärkt Verdauung, Entgiftung und Sexualität.
Lit.: 2 | 4 | 6 | 8 | 9 **Verfüg.:** selten ❍

Dalmatinerstein (Aplit)

Mineralogie: Granitisches Ganggestein (trigonal/monoklin, primär)
Indikationen: **(G)** Reflektion; **(S)** wirkt stärkend, aufbauend und emotional ausgleichend; **(V)** regt an, Vorhaben gut zu durchdenken, gründlich zu reflektieren und dann tatkräftig umzusetzen; **(K)** stabilisiert den Kreislauf, regt Nerven und Reaktionsvermögen an.
Lit.: 2 | 4–6 | 8 | 17 **Verfüg.:** gut ❍

Danburit farblos

Mineralogie: Calcium-Bor-Gerüstsilikat (rhomb., alle Bildungsber.)
Indikationen: **(G)** Selbstlosigkeit, spirituelle Orientierung; **(S)** Selbstannahme, Liebe frei von Bedingungen; **(V)** hilft, Menschen und Situationen so zu akzeptieren, wie sie sind; **(K)** hilft bei Störungen seelischer Ursache von Nerven, Gehirn und Verdauung.
Lit.: 2 | 4–6 | 8 **Verfüg.:** gering ❍

Danburit gelb

Mineralogie: Gelbes Calcium-Bor-Gerüstsilikat (rhombisch, tertiär)
Indikationen: **(G)** Heiterkeit, Beistand; **(S)** fördert Selbstsicherheit, hilft, einengende Verhaltensmuster aufzulösen; **(V)** verbessert die Selbstkontrolle; **(K)** hilft bei Stoffwechselstörungen und seelisch bedingten Verdauungsbeschwerden, mitunter auch bei Magersucht.
Lit.: 2 | 4 | 5 **Verfüg.:** selten ❍

Danburit rosa
Mineralogie: Rosa Calcium-Bor-Gerüstsilikat (rhombisch, tertiär)
Indikationen: (G) Nächstenliebe, Menschlichkeit; (S) hilft, besitzergreifende und vereinnahmende Verhaltensmuster aufzulösen; (V) unterstützt positives Denken; (K) hilft bei Störungen seelischer Ursache von Nerven, Gehirn, Herz und Kreislauf.
Lit.: 2 | 4 | 5 **Verfüg.:** selten ❍

Diamant farblos
Mineralogie: Reiner Kohlenstoff (Natürl. Elemente, kubisch, tertiär)
Indikationen: (G) Unbezwingbarkeit; (S) fördert Charakterstärke, Ethik und Treue zu sich selbst; (V) hilft, verantwortungsbewusst und unvoreingenommen zu sein; (K) wirkt reinigend und stärkt Gehirn, Nerven, Sinnesorgane, Drüsen und Blutgefäße, hilft bei Schlaganfall.
Lit.: 1 – 9 | 12–14 | 16 | 19 **Verfüg.:** gut ❍

Diamant gelb
Mineralogie: Stickstoffhaltiger gelber Diamant (kubisch, tertiär)
Indikationen: (G) Tugendhaftigkeit; (S) hilft, freundlich, gerecht und aufrichtig zu bleiben; (V) fördert die geistige Entwicklung und das Wohlwollen gegenüber anderen; (K) fördert Milz, Magen, Pankreas und Verdauung, stärkt Gehirn, Nerven und Blutgefäße.
Lit.: 1 – 9 | 12–14 | 16 | 19 **Verfüg.:** gering ❍

Diamant grau
Mineralogie: Borhaltiger Diamant (Natürl. Elemente, kubisch, tertiär)
Indikationen: (G) Unvergänglichkeit; (S) fördert Selbstbestimmung und innere Stabilität; (V) regt an, zu tun, was als richtig und wichtig erkannt ist; (K) wirkt reinigend, stärkt Gehirn, Nerven und Blutgefäße, hilft bei Gleichgewichtsstörungen und Schlaganfall.
Lit.: 1 – 9 | 12–14 | 16 | 19 **Verfüg.:** gut ❍

Diamant schwarz
Mineralogie: Schwarzer Diamant (Natürl. Elemente, kubisch, tertiär)
Indikationen: (G) Integration; (S) regt an, eigene Schattenseiten anzunehmen und zu erlösen; (V) hilft, schädliche Einflüsse abzuwehren; (K) entschlackt, verbessert die Ausscheidung, hilft bei Blasen- und Prostataleiden, stärkt Hormondrüsen und Immunsystem.
Lit.: 2 | 4–6 | 19 **Verfüg.:** gut ❍

Diaspor

Mineralogie: Aluminiumoxyhydroxid (rhombisch, tertiär)

Indikationen: **(G)** Wiederbelebung ursprünglicher Ziele; **(S)** Wahrnehmen und Wandeln von Beziehungsstrukturen; **(V)** regt zur Selbstanalyse und Lebenskorrektur an; **(K)** fördert die Verdauung, wirkt entsäuernd und hilft bei Sodbrennen und Magenbeschwerden.

Lit.: 3 | 4 | 6 | 8 | 9 | 14 **Verfüg.:** selten ❍

Diopsid blau

Mineralogie: Blaues Pyroxenmineral (Kettensilikat, monoklin, tertiär)

Indikationen: **(G)** Persönlichkeitsentfaltung; **(S)** bringt Ausgeglichenheit und innere Ruhe; **(V)** hilft, sich von Erwartungen zu lösen und Fehlschläge zu überwinden; **(K)** stärkt Blase und Nieren, fördert die Funktion der Sinnesorgane und Nerven.

Lit.: 2 | 4–6 | 8 | 14 **Verfüg.:** gering ❍

Diopsid schwarz

Mineralogie: Pyroxenmineral (Kettensilikat, monoklin, primär/tertiär)

Indikationen: **(G)** Verzeihen, Loslassen; **(S)** hilft, nicht mehr an alten Schmerzen und Verletzungen festzuhalten; **(V)** hilft, auf andere zuzugehen und Frieden zu schließen; **(K)** fördert die Nieren und gleicht Hormon-, Säure/Basen-, Mineralstoff- und Wasserhaushalt aus.

Lit.: 2 | 4–6 | 8 | 14 **Verfüg.:** gering ❍

Diopsid »Sterndiopsid«

Mineralogie: Diopsid mit Asterismus (Kettensilikat, monoklin, tertiär)

Indikationen: **(G)** Spiritualität; **(S)** gleicht extreme Stimmungsschwankungen aus; **(V)** fördert die Erkenntnis der geistigen Natur alles Seins und des geistigen Hintergrunds aller Phänomene; **(K)** stärkt Herz, Nieren, Nerven, Muskeln und Blutgefäße.

Lit.: 2 | 4–6 | 8 | 14 **Verfüg.:** selten ❍

Dioptas

Mineralogie: Wasserhalt. Kupfer-Ringsilikat (trigonal, prim./sekund.)

Indikationen: **(G)** Reichtum, Schönheit, Glück; **(S)** hilft, sich ins richtige Licht zu stellen, bringt Gefühlstiefe, Hoffnung und intensive Träume; **(V)** hilft, das eigene Potential zu leben, bringt Ideenfülle und Kreativität; **(K)** stärkt die Leber, lindert Schmerzen und Krämpfe.

Lit.: 1 | 2 | 4–6 | 8 | 9 | 12 | 14 | 17 **Verfüg.:** selten ❍

Disthen blau (Kyanit)

Mineralogie: Blaues Aluminium-Inselsilikat (triklin, tertiär)
Indikationen: **(G)** Identität, Vollenden der Lebensaufgabe; **(S)** hilft, in Extremsituationen handlungsfähig zu bleiben; **(V)** fördert logisch-rationales Denken und entschlossenes Handeln; **(K)** lindert Heiserkeit und Kehlkopfbeschwerden, gut für Motorik und Fingerfertigkeit.
Lit.: 1 | 2 | 4–6 | 8 | 9 | 11 | 14 **Verfüg.:** gering ❍

Disthen grün

Mineralogie: Grünes Aluminium-Inselsilikat (triklin, tertiär)
Indikationen: **(G)** Identität, Instinkt; **(S)** hilft, Opferhaltung und Resignation zu überwinden; **(V)** löst Schicksalsgläubigkeit auf und fördert instinktsicheres Handeln; **(K)** lindert Übersäuerung, Rheuma und Gicht, fördert Beweglichkeit, Motorik und Fingerfertigkeit.
Lit.: 2 | 4–6 | 8 | 9 **Verfüg.:** selten ❍

Disthen orange

Mineralogie: Orangefarbenes Aluminium-Inselsilikat (triklin, tertiär)
Indikationen: **(G)** Zuversicht, Beherztheit; **(S)** hilft, destruktive Einstellungen aufzulösen und bringt eine positive Lebenshaltung; **(V)** ermöglicht, die Chancen jeder Situation zu erkennen; **(K)** stärkt die Nerven, fördert die Durchblutung und kräftigt die Muskulatur.
Lit.: 4 **Verfüg.:** Rarität ❍

Disthen schwarz

Mineralogie: Schwarzes Aluminium-Inselsilikat (triklin, tertiär)
Indikationen: **(G)** Identität, Standfestigkeit; **(S)** stärkt die eigene Durchsetzungskraft, hilft, extreme Tiefs zu überwinden; **(V)** verbessert die Kontrolle über die eigenen Handlungen; **(K)** stärkt Nieren, Blase und Nerven, hilft bei Schmerzen, Kraftlosigkeit und Schwäche.
Lit.: 4–6 | 8 **Verfüg.:** gering ❍

Dolomit beige, »Ivoryit«

Mineralogie: Calcium-Magnesium-Carbonat (trigonal, sekundär)
Indikationen: **(G)** Gleichmut; **(S)** bringt Gelassenheit, Geduld und innere Zufriedenheit; **(V)** fördert einfach-pragmatisches Denken und hilft, Probleme in aller Ruhe anzupacken; **(K)** lindert Kopfschmerzen und vermindert Gefäßablagerungen und Thromboseneigung.
Lit.: 1 | 2 | 4–7 | 9 | 13 | 14 | 17 | 19 **Verfüg.:** gut ❍

Dolomit gebändert (Dolomit-Marmor)

Mineralogie: Dolomit mit eisenhaltigen Bändern (trigonal, tertiär)
Indikationen: **(G)** Begabung; **(S)** sorgt für Stabilität und hilft bei plötzlichen und heftigen Gefühlsausbrüchen; **(V)** regt an, die eigenen Fähigkeiten zu entwickeln; **(K)** lindert Muskelkater und wirkt krampflösend, gut für Blut, Herz, Kreislauf und Blutgefäße.
Lit.: 1 | 2 | 4–9 | 13 | 14 | 17 **Verfüg.:** gut ❍

Dolomit »Kobaltdolomit«

Mineralogie: Kobalthaltiger Dolomit (trigonal, sekundär)
Indikationen: **(G)** Eingebung, Esprit; **(S)** fördert Neugier, Phantasie, Humor und Lebensfreude; **(V)** bringt Schlagfertigkeit, Scharfsinn, List und Witz; **(K)** hilft bei Eisenmangel, fördert die Blutbildung, senkt den Blutdruck, stärkt Schilddrüse, Blutgefäße, Nerven und Genitalien.
Lit.: 4 | 5 **Verfüg.:** selten ❍

Dolomit orange

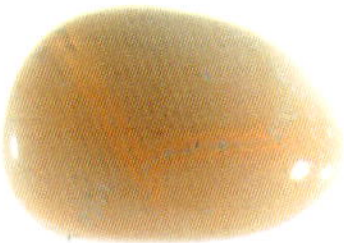

Mineralogie: Eisenhaltiger Dolomit (trigonal, sekundär/tertiär)
Indikationen: **(G)** Freude; **(S)** wirkt aufbauend und aufmunternd, stabilisiert bei ständigem Stimmungsumschwung; **(V)** regt an, die eigenen Fähigkeiten zu erkunden; **(K)** aktiviert Kreislauf, Verdauung und Stoffwechsel, stärkt das Herz in Zeiten starker Belastung.
Lit.: 1 | 2 | 4–6 | 8 | 19 **Verfüg.:** gering ❍

Dolomit weiß, »Zuckerdolomit«

Mineralogie: Calcium-Magnesium-Carbonat (trigonal, tertiär)
Indikationen: **(G)** Selbstfindung; **(S)** bringt Ausgeglichenheit und Stabilität; **(V)** fördert den gesunden Menschenverstand, hilft, eigene Ziele leicht und unkompliziert zu realisieren; **(K)** entspannt, entsäuert, hält vital und gesund, wirkt schmerzlindernd und krampflösend.
Lit.: 1 | 2 | 4–9 | 13 | 14 | 17 | 19 **Verfüg.:** gut ❍

Dolomit mit Pyrit

Mineralogie: Dolomit mit Pyrit-Lagen (trigonal/kubisch, tertiär)
Indikationen: **(G)** Veranlagung; **(S)** hilft, Schwächen in Stärken zu verwandeln und Missstimmungen zu beheben; **(V)** regt an, die eigenen Fähigkeiten zu finden; **(K)** fördert Entschlackung, Entsäuerung und Ausscheidung, hilft bei Magen- und Darmbeschwerden.
Lit.: 1 | 2 | 4–7 **Verfüg.:** gut ❍

Dumortierit
Mineralogie: Aluminium-Borsilikat (Inselsilikat, rhombisch, primär)
Indikationen: **(G)** Losgelöstheit; **(S)** hilft, das Leben leichter zu nehmen und lindert Ängste, Depression, Nervosität und Stress; **(V)** hilft, zwanghafte Verhaltensmuster (Sucht) aufzulösen; **(K)** lindert Kopfschmerzen, Krämpfe, Durchfall, Übelkeit und Erbrechen.
Lit.: 1 – 10 | 12–14 | 17 **Verfüg.:** gut ❍

Eclipse (Auripigment-Kalk)
Mineralogie: Auripigment auf Aragonit (monoklin/rhombisch, primär)
Indikationen: **(G)** Aufschwung, Lebensbejahung; **(S)** fördert die Wiederkehr der Lebenskraft nach anstrengenden Zeiten; **(V)** löst das Festhalten an starren Gedanken- und Verhaltensmustern; **(K)** hilft bei Schwäche der Nerven, Sinne, Muskeln und inneren Organe.
Lit.: 4 **Verfüg.:** selten ❍

Eilatstein (Chrysokoll-Malachit-Azurit)
Mineralogie: Kupfermineralien-Gemenge (monoklin, prim./sekund.)
Indikationen: **(G)** Ästhetik; **(S)** fördert ein lebendiges, abwechslungsreiches und harmonisches Gefühlsleben; **(V)** gibt einen feinen Sinn für Schönheit und Harmonie; **(K)** stärkt die Leber, reguliert disharmonisches Zellwachstum und lindert Menstruationsbeschwerden.
Lit.: 2 | 4–6 | 8 **Verfüg.:** Rarität ❍

Eisenkiesel (Quarz)
Mineralogie: Eisenhaltiger Kristallquarz (trigonal, alle Bildungsber.)
Indikationen: **(G)** Energie; **(S)** mobilisiert seelische und körperliche Energiereserven, bringt Tatkraft; **(V)** hilft, beschlossene Vorhaben energisch zu verfolgen; **(K)** verbessert das Leistungsvermögen, regt Kreislauf und Durchblutung an, stärkt Blutgefäße und Muskeln.
Lit.: 2 | 4 | 6 | 8 **Verfüg.:** gering ❍

Eisen-Nickel-Meteorit
Mineralogie: Eisen-Nickel-Legierung (kubisch, interplanetare Bild.)
Indikationen: **(G)** Überprüfen eigener Absichten und Ziele; **(S)** setzt innere Bilder frei, erneuert veraltete Strukturen; **(V)** hilft, neue Blickwinkel einzunehmen, bestehende Werte infragezustellen, spontane Impulse tatkräftig umzusetzen; **(K)** reguliert die Muskelspannung.
Lit.: 2 | 4–6 | 8 **Verfüg.:** gut ❍

Eklogit

Mineralogie: Omphazit-Granat-Gestein (monoklin/kubisch, tertiär)

Indikationen: **(G)** Gesundung; **(S)** bringt Hoffnung in schwierigen Lebensphasen, fördert den Heilungswillen; **(V)** löst fixe Ideen von Unglück, Gefahr und Misserfolg auf; **(K)** regt Regeneration und Selbstheilkraft an, hilft bei schweren und langwierigen Erkrankungen.

Lit.: 2 | 4 | 6 | 8 **Verfüg.:** gering ❍

Eldarit »Kabambastein« (Meta-Rhyolith)

Mineralogie: Grün gefleckter Vulkanit (trig./monokl./trikl., primär)

Indikationen: **(G)** Selbsterhaltung, Immunität, Schutz; **(S)** gegen unterschwellige Einflussnahme von außen; **(V)** löst Zweifel und Sorgen auf; **(K)** fördert die Funktion der Haut, Schweißdrüsen und Körperflüssigkeiten, stärkt das Immunsystem gegen Vireninfektionen.

Lit.: 4 | 5 | 13 | 14 | 17 **Verfüg.:** gut ❍

Eldarit »Nebulastein« (Meta-Rhyolith)

Mineralogie: Grün gefleckter Vulkanit (trig./monokl./trikl., primär)

Indikationen: **(G)** Integration, Lebenskraft, Schutz; **(S)** gegen Druck, Ängste, Negativität und Fremdeinflüsse; **(V)** löst Zweifel und Sorgen auf, macht verdrängte Persönlichkeitsanteile bewusst; **(K)** fördert die Funktion der Haut, Schweißdrüsen und Körperflüssigkeiten.

Lit.: 4 | 5 **Verfüg.:** Rarität ❍

Epidot

Mineralogie: Calcium-Aluminium-Gruppensilikat (monoklin, tertiär)

Indikationen: **(G)** Regeneration; **(S)** bringt Geduld, löst Kummer, Selbstmitleid und Gram auf; **(V)** hilft, die eigene Vorstellung von Glück und Erfüllung zu realisieren; **(K)** stärkt Leber, Galle und Verdauung, bringt Regeneration nach Überanstrengung oder Krankheit.

Lit.: 2 | 4–6 **Verfüg.:** selten ❍

Epidot-Feldspat »Schneeflocken-Epidot«

Mineralogie: Gestein m. Epidot u. weißem Feldspat (monoklin, tert.)

Indikationen: **(G)** Erholung; **(S)** hilft, die Folgen von Belastung oder schmerzhaften Erlebnissen zu verarbeiten; **(V)** lehrt, sich selbst nicht zu überfordern; **(K)** stärkt Leber und Galle, fördert Erholung und Heilung, insbesondere wenn große Schwäche blockierend wirkt.

Lit.: 2 | 4–6 **Verfüg.:** gering ❍

Epidot-Feldspat »Unakit«

Mineralogie: Gestein m. Epidot u. rosa Feldspat (monoklin, tertiär)
Indikationen: **(G)** Genesung; **(S)** wirkt aufbauend und stärkend, hilft, Frustrationen aufgrund von Fehlschlägen zu überwinden; **(V)** lehrt, sich wegen Fehlern nicht abzuwerten; **(K)** stärkt Leber und Galle, fördert die Regenerationskraft und beschleunigt Heilungsprozesse.
Lit.: 1–6 | 8 | 9 | 11 | 13 | 14 | 17 **Verfüg.:** sehr gut ❍

Epidotquarz

Mineralogie: Epidotnadeln in Quarz (trigonal/monoklin, tertiär)
Indikationen: **(G)** Erneuerung; **(S)** bringt Mut und Hoffnung nach großen Enttäuschungen; **(V)** verbessert die Leistungsfähigkeit und die Gabe, etwas richtig einzuschätzen; **(K)** bringt schnell zu Kräften, lindert Schmerzen und hilft bei Prellungen und Verstauchungen.
Lit.: 2 | 4–6 | 8 **Verfüg.:** selten ❍

Erdbeerquarz (Quarz)

Mineralogie: Durch Mangan rosafarbener Quarz (trigonal, primär)
Indikationen: **(G)** Ursache und Wirkung; **(S)** hilft, sich selbst nicht so wichtig zu nehmen, bringt Witz und Humor; **(V)** zeigt, wie man selbst die Ursachen für Unglück und Misserfolge schafft; **(K)** hilft bei Erregung, Beklemmungen, Herz- und Kreislaufstörungen.
Lit.: 2 | 4 | 6 | 8 **Verfüg.:** gut ❍

Eudialyt in Syenit

Mineralogie: Eudialyt-Syenit-Gestein (E.: Ringsilikat, trigon., primär)
Indikationen: **(G)** Wende, Neuorientierung; **(S)** hilft, Trauer, Ängste und Schmerzen zu überwinden, eigene Schwächen anzunehmen; **(V)** Neubeginn, Lernen aus Fehlern, Überwinden von Widerständen; **(K)** baut Kraftreserven nach völliger Verausgabung wieder auf.
Lit.: 2 | 4 | 6 | 8 **Verfüg.:** selten ❍

Falkenauge (Faserquarz)

Mineralogie: Quarz mit Krokydolithfasern (trigon./monokl., sekund.)
Indikationen: **(G)** Überblick, Distanz; **(S)** hilft bei Nervosität und innerer Unruhe; **(V)** erleichtert, in komplexen Situationen die Übersicht zu wahren und hilft bei Entscheidungsschwierigkeiten; **(K)** lindert Schmerzen, hilft bei Zittern und hormonellen Überfunktionen.
Lit.: 1 | 2 | 4–6 | 8 | 14 | 17 **Verfüg.:** sehr gut ❍

Feldspat »Buntfeldspat«
Mineralogie: Gemenge versch. Feldspäte (monoklin/triklin, primär)
Indikationen: **(G)** Wissbegierde, neue Sichtweisen, Flexibilität; **(S)** Wohlbefinden, Ausgleich, weckt und fördert das Interesse am Leben; **(V)** erweitert die Wahrnehmung, ermöglicht neue Betrachtungen; **(K)** bei Milz-, Pankreas-, Magen-, Darm- und Gallenbeschwerden.
Lit.: 2 | 4–6 | 8 **Verfüg.:** gering ❍

Feueropal (Edelopal)
Mineralogie: Eisenhaltiger, roter/oranger Edelopal (amorph, primär)
Indikationen: **(G)** Begeisterung, Euphorie; **(S)** macht leidenschaftlich, temperamentvoll und bringt Freude an der Sexualität; **(V)** lässt sich durch Herausforderungen inspirieren; **(K)** fördert Herz, Kreislauf, Durchblutung, Potenz und Fruchtbarkeit, regt die Hormondrüsen an.
Lit.: 1 – 9 | 11–14 | 17 | 19 **Verfüg.:** gering ❍

Feueropal (gewöhnlicher Opal)
Mineralogie: Eisenhaltiger, roter bis oranger Opal (amorph, primär)
Indikationen: **(G)** Lebenslust, Vergnügen; **(S)** macht impulsiv, hilft Hemmungen abzubauen, fördert die Freude an der Sexualität; **(V)** weckt Begeisterung für interessante Ideen; **(K)** fördert Energie, Leistungsfähigkeit, Kreislauf, Durchblutung, Potenz und Fruchtbarkeit.
Lit.: 1 – 9 | 11–14 | 17 | 19 **Verfüg.:** gering ❍

Flint (Feuerstein)
Mineralogie: Chalcedon-Opal-Gemenge (trigonal/amorph, sekund.)
Indikationen: **(G)** Verständigung; **(S)** Beruhigung, Gelassenheit; **(V)** fördert die Fähigkeit zu kommunizieren und hinzuhören; **(K)** stärkt die Funktion von Schleimhäuten, Lunge, Haut und Darm, verbessert die Entgiftung, hilft bei Verstopfung und Durchfall.
Lit.: 2 | 4–6 | 8 **Verfüg.:** gut ❍

Fluorit blau
Mineralogie: Calciumfluorid (Halogenide, kubisch, primär/sekundär)
Indikationen: **(G)** Interesse, Gerechtigkeit; **(S)** macht nüchtern und ruhig, hilft bei Frustration und Enttäuschung; **(V)** hilft, fixe Ideen aufzulösen und stärkt den Sinn für Gerechtigkeit; **(K)** lindert Husten und Heiserkeit, hilft bei Haltungsschäden, Verwachsungen, Überbeinen.
Lit.: 1–14 | 17 | 19 **Verfüg.:** gut ❍

Fluorit bunt, »Regenbogenfluorit«

Mineralogie: Mehrfabiger Fluorit (Halogenide, kubisch, primär)

Indikationen: **(G)** Freigeist, Beweglichkeit; **(S)** bringt Abwechslung und emotionale Lebendigkeit; **(V)** fördert Entscheidungsfreiheit und macht erfinderisch; **(K)** gut für Haut, Schleimhäute, Nerven, Knochen und Zähne, lindert trockenen Husten, macht die Gelenke beweglich.

Lit.: 1–14 | 17 | 19 **Verfüg.:** gut ❍

Fluorit farblos

Mineralogie: Calciumfluorid (Halogenide, kubisch, primär/sekundär)

Indikationen: **(G)** Ordnung, Reinigung; **(S)** hilft bei Gefühlen von Schuld und Unreinheit, macht emotional stabiler; **(V)** klärt Verwirrung und hilft, Ordnung zu halten; **(K)** gut für Haut, Schleimhäute, Atemwege, Nerven und Gehirn, lindert Husten und Allergien.

Lit.: 1–14 | 17 | 19 **Verfüg.:** gut ❍

Fluorit gelb

Mineralogie: Calciumfluorid (Halogenide, kubisch, primär/sekundär)

Indikationen: **(G)** Lernen, Verstehen; **(S)** fördert eine positive Lebenseinstellung; **(V)** hilft, Informationen und Erlebnisse schneller zu verdauen; **(K)** hilft bei Magenbeschwerden und Essstörungen (mitunter auch bei Magersucht), stärkt Knochen und Gelenke.

Lit.: 1–14 | 17 | 19 **Verfüg.:** gut ❍

Fluorit grün

Mineralogie: Calciumfluorid (Halogenide, kubisch, primär)

Indikationen: **(G)** Ideenfülle, Auflösung; **(S)** intensiviert Gefühle und Stimmungen und macht sie dadurch bewusst; **(V)** löst Engstirnigkeit auf, bringt Ideen und rasche Auffassungsgabe; **(K)** fördert die Entgiftung, hilft bei Arthritis, Rheuma, Gicht und Pilzinfektionen.

Lit.: 1–14 | 17 | 19 **Verfüg.:** gut ❍

Fluorit rosa

Mineralogie: Calciumfluorid (Halogenide, kubisch, tertiär)

Indikationen: **(G)** Wohlwollen, Dynamik; **(S)** hilft, unterdrückte Gefühle wahrzunehmen und ihnen Raum zu geben; **(V)** macht rege, aufgeschlossen und wohlgesonnen; **(K)** lindert funktionelle Herzbeschwerden, unterstützt die Hormonregulation, hilft bei Osteoporose.

Lit.: 1–8 | 19 **Verfüg.:** Rarität ❍

Fluorit violett

Mineralogie: Calciumfluorid (Halogenide, kubisch, primär/sekundär)
Indikationen: **(G)** Befreiung, Selbstbestimmung; **(S)** für emotionale Stabilität und inneren Frieden; **(V)** hilft bei Lern- und Konzentrationsstörungen, stärkt das Gedächtnis; **(K)** hilft bei Übergewicht durch falsche Essgewohnheiten, bei Geschwulsten und eiternden Wunden.
Lit.: 1–14 | 17 | 19 **Verfüg.:** gut ❍

Fuchsit (Glimmer)

Mineralogie: Chrom-Glimmer (Schichtsilikat, monoklin, tertiär)
Indikationen: **(G)** Schutz, Selbstbestimmung; **(S)** ermöglicht, sich abzugrenzen und verhilft zu sicherem Auftreten; **(V)** hilft, Probleme distanziert zu betrachten und dadurch Lösungen zu finden; **(K)** hilft bei Allergien, Juckreiz, Entzündungen und Strahleneinwirkungen.
Lit.: 2 | 4 | 6 | 8 | 9 **Verfüg.:** gut ❍

Fuchsit-Disthen

Mineralogie: Fuchsit-Disthen-Gemenge (monoklin/triklin, tertiär)
Indikationen: **(G)** Integrität, Individualität; **(S)** hilft, auch unter Druck die Eigenständigkeit zu wahren, nimmt die Angst, verrückt zu werden; **(V)** hilft, Schaden zu vermeiden; **(K)** hilft bei wandernden Schmerzen, lindert Entzündungen, gut für Nerven und Haut.
Lit.: 4 **Verfüg.:** selten ❍

Fulgurit

Mineralogie: Blitzkanal im Wüstensand (Naturglas, amorph, tertiär)
Indikationen: **(G)** Erwachen, Impuls; **(S)** macht beschwingt und frei, lindert Stress, hilft schnell aus emotionalen Tiefs heraus; **(V)** macht wach im Denken und flink im Handeln; **(K)** fördert die Beweglichkeit und hilft bei Verletzungen der Sehnen und Bänder.
Lit.: 2 | 4 | 6 | 8 **Verfüg.:** selten ❍

Gabbro

Mineralogie: Quarzarmer Plutonit (überw. monoklin/triklin, primär)
Indikationen: **(G)** Neubeginn; **(S)** stärkt in Zeiten ermüdender Routine, regt an, in sich hinein zu horchen und die eigenen Bedürfnisse wahrzunehmen; **(V)** hilft, Neues sorgfältig zu planen und vorzubereiten; **(K)** stärkt die Regenerationsfähigkeit und Selbstheilkraft.
Lit.: 2 | 4 | 6 | 8 **Verfüg.:** gering ❍

Gagat (Jett, Braunkohle)

Mineralogie: Bitumenreiches Kohlegestein (amorph, sekundär)
Indikationen: **(G)** Zuversicht; **(S)** hilft, Kummer und Depression zu überwinden; **(V)** regt an, zäh, unbeugsam und ausdauernd an positiver Veränderung zu arbeiten; **(K)** hilft bei Beschwerden von Mund, Zahnfleisch, Darm (Durchfall), Haut, Gelenken und Wirbelsäule.
Lit.: 2–6 | 8 | 9 | 11 | 14 | 17 **Verfüg.:** gut ❍

Galaxyit (Labradorit-Gestein)

Mineralogie: Labradorit-Andesin-Gemenge (triklin/rhombisch, prim.)
Indikationen: **(G)** Gefühlstiefe, Streben nach Erfüllung; **(S)** fördert tiefen Schlaf bei guter Traumerinnerung; **(V)** hilft, Mitgefühl, Klarheit und Realismus konstruktiv zu verbinden; **(K)** beruhigt Herzschlag und Kreislauf und fördert die Nierenfunktion.
Lit.: 2 | 4 | 6 | 8 **Verfüg.:** selten ❍

Galenit (Bleiglanz)

Mineralogie: Graues Bleisulfid (kubisch, alle Bildungsbereiche)
Indikationen: **(G)** Ernst, Ruhe, Ertragen der Leere; **(S)** Stilles Gemüt, Überwinden von Melancholie; **(V)** Abwenden der Gedanken von der Vergangenheit, Nüchternheit; **(K)** Entgiftung, löst Einlagerungen in den Gelenken, hilfreich bei Steifheit und Unbeweglichkeit.
Lit.: 2 | 4 | 6 | 8 **Verfüg.:** gut ❍

Gaspèit

Mineralogie: Eisen-Magnesium-Nickelcarbonat (trigonal, sekundär)
Indikationen: **(G)** Lebensbejahung; **(S)** muntert auf, macht lustig, fördert Wohlwollen und Beweglichkeit; **(V)** Selbstkritik, gewitztes Durchschauen eigener und fremder Spielchen; **(K)** hilfreich zur Entschlackung und bei Übersäuerung (mit Chalcedon zur Ausleitung).
Lit.: 2 | 4 | 6 | 8 **Verfüg.:** selten ❍

Gem Silica (Chrysokoll-Chalcedon)

Mineralogie: Chrysokoll in Chalcedon (monoklin/trigonal, sekundär)
Indikationen: **(G)** Feingefühl; **(S)** lindert Nervosität und Überreiztheit; **(V)** verfeinert die Wahrnehmung, fördert den Sinn für Schönheit; **(K)** regt die Sinne an, hilft bei Infektionen, Fieber und Krämpfen, fördert Entgiftung, Leber und Nieren, senkt Fieber und Blutdruck.
Lit.: 2 | 4–6 | 8 **Verfüg.:** Rarität ❍

Girasolopal (Opal)

Mineralogie: Trüber Opal m. leichtem Lichtschimmer (amorph prim.)

Indikationen: **(G)** Lösung, Ungebundenheit; **(S)** löst Unruhe, Unzufriedenheit und Sehnsucht durch Aufdecken verborgener Bewusstseinsinhalte; **(V)** macht Wünsche und Bedürfnisse bewusst; **(K)** löst Anspannung, Verhärtungen und Lymphknotenschwellungen.

Lit.: 2 | 4 | 6 **Verfüg.:** selten ❍

Girasolquarz (Nebelquarz)

Mineralogie: Durch Einschlüsse trüber farbloser Quarz (trig., primär)

Indikationen: **(G)** Klärung, Selbständigkeit; **(S)** macht ruhig, ausgeglichen, offen und belastbar, fördert Problemlösung im Traum; **(V)** verbessert Wahrnehmung und Überblick, fördert klares, schnelles, präzises Denken; **(K)** aktiviert und löst unbewältigte Beschwerden.

Lit.: 2 | 4–6 | 8 | 9 | 17 **Verfüg.:** gering ❍

Glaukophanschiefer (Eklogit)

Mineralogie: Amphibolgestein mit Granat (monoklin/kubisch, tertiär)

Indikationen: **(G)** Transformation, Freiheit; **(S)** hilft, Unangenehmes zu konfrontieren, Gefühle zu leben, Konflikte zu lösen; **(V)** regt an, Missverständnisse zu klären, macht selbstkritisch; **(K)** stärkt Körperwahrnehmung, Sinne und Kreislauf, hilft, Verspannungen zu lösen.

Lit.: 4 | 6 **Verfüg.:** selten ❍

Glimmerschiefer (Metapelit)

Mineralogie: Glimmerreicher Metamorphit (monoklin, tertiär)

Indikationen: **(G)** Abstand, Abgrenzung; **(S)** hilft, Schwierigkeiten gesammelt und beherrscht entgegenzutreten; **(V)** ermöglicht selbst unter Druck sachlich-rational zu handeln; **(K)** hilft bei Hautirritationen Nervosität, Zittern, Kopfschmerzen und vegetativen Störungen.

Lit.: 2 | 4 **Verfüg.:** gering ❍

Gneis

Min.: Metamorphit m. Quarz/Feldspat/Glimmer (trig./trikl./mono., tert.)

Indikationen: **(G)** Umwälzung, Übergang; **(S)** regt an, unglückliche Umstände zu konfrontieren, auszuhalten und bis zur Wandlung durchzustehen; **(V)** hilft, Gewohnheiten und Verhaftungen zu erkennen und loszulassen; **(K)** fördert Verdauung und Ausscheidung.

Lit.: 2 | 4 | 6 | 8 **Verfüg.:** gut ❍

Goethitquarz

Mineralogie: Goethithalt. Kristallquarz (rhomb./trig., primär/sekund.)
Indikationen: **(G)** Unbefangenheit; **(S)** lindert Ängste, Beklemmungen und Befangenheit; **(V)** hilft, die Gedanken von (momentan) unlösbaren Problemen abzuwenden; **(K)** hilft bei Husten, Erkältungen, Grippe und Atemwegsinfektionen bis hin zu Lungenentzündungen.
Lit.: 2 | 4 | 6 | 8 **Verfüg.**: selten ❍

Gold

Mineralogie: Goldenes Edelmetall (kubisch, alle Bildungsbereiche)
Indikationen: **(G)** Beschönigung; **(S)** hilft bei Unzufriedenheit, Minderwertigkeitsgefühlen und Depression; **(V)** hilft, Dinge »schön zu sehen« und dadurch besser zu ertragen; **(K)** reguliert Drüsen, Nerven und Kreislauf, wirkt erwärmend, stärkt die Geschlechtsorgane.
Lit.: 2 | 4 | 6 | 8 **Verfüg.**: gut ❍

Goldberyll (Beryll)

Mineralogie: Goldgelber Beryll (Ringsilikat, hexagonal, primär)
Indikationen: **(G)** Zuversicht; **(S)** bringt Hoffnung und Lebensfreude, lindert Gereiztheit und Nervosität, entlastet von schweren Bürden; **(V)** hilft, Unveränderbares zu akzeptieren und Veränderbares zu verbessern; **(K)** stärkt Nerven, Augen, Magen, Milz und Pankreas.
Lit.: 1 | 2 | 4–6 | 8 | 11 | 16 | 19 **Verfüg.**: Rarität ❍

Goldquarz (Tigeraugenquarz)

Mineralogie: Tigerauge mit hohem Quarzanteil (trigonal, sekundär)
Indikationen: **(G)** Sich behaupten können; **(S)** hilft, Schwierigkeiten durchzustehen, ohne den Mut zu verlieren; **(V)** hilft, Eindrücke zu verarbeiten und sich auf das Wesentliche zu konzentrieren; **(K)** löst Spannungen und hilft bei akuten Asthmaanfällen.
Lit.: 2–6 | 8 **Verfüg.**: selten ❍

Granat-Amphibolit

Mineralogie: Almandin in Amphibolit (kub./monoklin/triklin, tertiär)
Indikationen: **(G)** Abschließen, Beenden; **(S)** hilft, Ursachen von Missstimmungen zu wandeln; **(V)** fördert pragmatisches Denken und unbeirrbares Handeln; **(K)** hilft bei nervösen Herzbeschwerden und Beklemmungen, stärkt Kreislauf, Nieren, Stoffwechsel, Verdauung.
Lit.: 4 **Verfüg.**: selten ❍

Granat-Glimmerschiefer

Mineralogie: Almandin in Glimmerschiefer (kub./monoklin, tertiär)
Indikationen: **(G)** Überwindung, Fitness, Arbeitskraft; **(S)** gibt Kraft, große Schwierigkeiten zu meistern; **(V)** für tatkräftiges Ausführen von Ideen und Pflichten; **(K)** steigert die Leistungsfähigkeit, regt den Stoffwechsel an, fördert zugleich Entschlackung und Ausscheidung.
Lit.: 1 | 2 | 6 | 8 **Verfüg.:** gut ❍

Granat-Peridotit (Olivin-Granat-Fels)

Mineralogie: Pyrop in Meta-Peridotit (kubisch/rhombisch, tertiär)
Indikationen: **(G)** Widerspenstigkeit, Unbeugsamkeit; **(S)** hilft, sich bei großem Anpassungsdruck treu zu bleiben; **(V)** bestärkt darin, für die eigenen Überzeugungen einzutreten; **(K)** bringt Spannkraft, stärkt Kreislauf, Leber, Galle, Nerven, Sehnen, Muskeln und Gelenke.
Lit.: 4 **Verfüg.:** selten ❍

Granat-Pyroxenit

Mineralogie: Almandin in Pyroxenit (kub./rhomb./monoklin, tertiär)
Indikationen: **(G)** Durchsetzungskraft, Beharrlichkeit; **(S)** stärkt den Lebenswillen, hilft bei Belastung und Erschöpfung; **(V)** regt an, Notwendiges mit Nachdruck anzupacken; **(K)** fördert die Verdauung, stabilisiert den Kreislauf und stärkt die Muskulatur.
Lit.: 4 **Verfüg.:** selten ❍

Granit

Min.: Magmatit mit Quarz/Feldspat/Glimmer (trig./trikl./mono., prim.)
Indikationen: **(G)** Tradition, Festigung; **(S)** hilft, Kraft und Stärke aus Erfahrungen, Herkunft und den Wurzeln der Tradition zu schöpfen; **(V)** festigt neue Ideen, gibt ihnen Form und Kraft zur sicheren Verwirklichung; **(K)** regt Herz und Kreislauf an, belebt und vitalisiert.
Lit.: 1 | 2 | 4 **Verfüg.:** gut ❍

Grossular grün (Granat)

Mineralogie: Grünes Calcium-Aluminium-Inselsilikat (kubisch, tertiär)
Indikationen: **(G)** Aufbau, Regeneration; **(S)** bringt Hoffnung und Zuversicht in schwierigen Lebensphasen; **(V)** hilft, neue Perspektiven zu entwickeln; **(K)** stärkt Leber und Nieren, hilft bei Rheuma und Arthritis, entgiftet und regeneriert Haut und Schleimhäute.
Lit.: 1 | 2 | 4–6 | 8 | 14 | 19 **Verfüg.:** gering ❍

Grossular rosa (Granat)

Mineralogie: Rosa Calcium-Aluminium-Inselsilikat (kubisch, tertiär)
Indikationen: (G) Belebung, Regeneration; **(S)** fördert die Bereitschaft zur gegenseitigen Hilfe; **(V)** hilft, Ideal und Realität in Einklang zu bringen; **(K)** stärkt Herz, Kreislauf, Leber und Nieren, fördert die Durchblutung, entgiftet und regeneriert Haut und Schleimhäute.
Lit.: 1 | 2 | 4–6 | 8 | 14 | 19 **Verfüg.:** gering ❍

Grossularit (Granat)

Mineralogie: Grossularhaltiges Gestein (überwieg. kubisch, tertiär)
Indikationen: **(G)** Aufbau, Gemeinschaft; **(S)** fördert sozialen Zusammenhalt in Schwierigkeiten; **(V)** hilft, neue Ideen zu formulieren und mitzuteilen; **(K)** stärkt Leber und Nieren, hilft bei Rheuma und Arthritis, entgiftet und regeneriert Haut und Schleimhäute.
Lit.: 1 | 2 | 4 | 6 | 8 | 14 **Verfüg.:** gering ❍

Grünquarz (Fuchsit-Quarzit)

Mineralogie: Fuchsithaltiger grüner Quarz (trigonal/monoklin, tertiär)
Indikationen: **(G)** Besänftigung; **(S)** hilft bei Anspannung und innerer Unruhe, lindert Stress; **(V)** ermöglicht ruhiges, besonnenes Nachdenken; **(K)** stärkt die Leber, lindert Gallenbeschwerden, hilft bei Rheuma, Entzündungen, Ausschlägen und Sonnenbrand.
Lit.: 4 | 19 **Verfüg.:** sehr gut ❍

Gwindelquarz (Quarz-Gwindel)

Mineralogie: Gedrehtes Kristallaggregat (Quarz, trigonal, tertiär)
Indikationen: **(G)** Orientierung, Wandlung; **(S)** löst Verwirrung und Unsicherheit auf; **(V)** hilft, sich in komplizierten Situationen zurechtzufinden; **(K)** mobilisiert und lenkt Energieflüsse, baut Verspannungen ab, lindert Krämpfe, Schmerzen und Rückenbeschwerden.
Lit.: 1 | 4 | 6 **Verfüg.:** Rarität ❍

Halit farblos (Steinsalz, Kristallsalz)

Mineralogie: Reines Natriumchlorid (Halogenid, kubisch, sekundär)
Indikationen: **(G)** Befreiung, Reinigung; **(S)** bringt Lebendigkeit und inneres Gleichgewicht; **(V)** löst unbewusste Denk- und Verhaltensmuster auf; **(K)** reguliert Stoffwechsel und Wasserhaushalt, entschlackt, entgiftet, reinigt und schützt Atemwege, Darm und Haut.
Lit.: 2 | 4–6 | 8–10 | 14 | 15 **Verfüg.:** sehr gut ❍

Halit blau (Steinsalz)

Mineralogie: Blaues Natriumchlorid (Halogenid, kubisch, sekundär)
Indikationen: **(G)** Klärung, Reinigung; **(S)** bringt innere Ruhe, hilft bei Stress, schützt vor energetischen Angriffen; **(V)** beendet Grübelei und Zerstreutheit, fördert die Konzentration; **(K)** reinigt und entschlackt, lindert Allergien, Asthma und Autoimmunerkrankungen.
Lit.: 2 | 4–6 | 15 **Verfüg.:** selten ❍

Halit orange (Steinsalz)

Mineralogie: Oranges Natriumchlorid (Halogenid, kubisch, sekund.)
Indikationen: **(G)** Schutz, Reinigung; **(S)** hilft bei Sorgen und Ängsten, verbessert die Lebensqualität; **(V)** stärkt die Entscheidungskraft; **(K)** reinigt, entschlackt, entgiftet, stärkt Bindegewebe und Haut, fördert die Verdauung und verbessert die Nährstoffaufnahme.
Lit.: 2 | 4–6 | 8–10 | 14 | 15 **Verfüg.:** sehr gut ❍

Halit rosa (Steinsalz)

Mineralogie: Rosa Natriumchlorid (Halogenid, kubisch, sekundär)
Indikationen: **(G)** Entlastung, Reinigung; **(S)** fördert eine lebensbejahende Einstellung und wirkt stimmungsaufhellend; **(V)** hilft, die eigene Aufmerksamkeit aus der Vergangenheit zu lösen; **(K)** entschlackt, entgiftet, hilft bei Erkältungen und Entzündungen.
Lit.: 2 | 4–6 | 8–10 | 14 | 15 **Verfüg.:** gut ❍

Halit violett (Steinsalz)

Mineralogie: Violettes Natriumchlorid (Halogenid, kubisch, sekund.)
Indikationen: **(G)** Loslassen, Reinigung; **(S)** lindert Trauer, Kummer, altes Leid und Resignation; **(V)** hilft bei Konzentrationsstörungen und Verwirrung; **(K)** entschlackt, entgiftet, reinigt Lymphe, Darm und Haut und hilft bei Schilddrüsen- und Atemwegserkrankungen.
Lit.: 2 | 4–6 | 15 **Verfüg.:** selten ❍

Hämatit

Mineralogie: Eisenoxid (trigonal, sekundär/tertiär)
Indikationen: **(G)** Überleben; **(S)** fördert das Streben nach Verbesserung der Lebensumstände; **(V)** hilft, Ziele mit Nachdruck zu verfolgen und notfalls darum zu kämpfen; **(K)** regt Eisenaufnahme, Blutbildung, Kreislauf und Durchblutung an, stärkt Muskeln und Nieren.
Lit.: 1–6 | 8–12 | 14 | 17 | 19 **Verfüg.:** gering ❍

Hämatit mit Magnetit

Mineralogie: Eisenoxid (trigonal/kubisch, tertiäres Eisenerz)
Indikationen: **(G)** Fortschritt, Engagement; **(S)** bringt Vitalität, Kraft und Dynamik ins Leben; **(V)** offenbart wie ein Spiegel die eigenen inneren Einstellungen und Betrachtungen; **(K)** fördert Eisenaufnahme und Blutbildung, stimuliert Drüsen, Leber und Galle.
Lit.: 2–6 | 8–12 | 14 | 17 | 19 **Verfüg.:** sehr gut ❍

Hämatit gebändert (Bändereisenerz)

Mineralogie: Eisenoxid (trigonal, sekundäres o. tertiäres Eisenerz)
Indikationen: **(G)** Kraft, Ausdauer; **(S)** stärkt das Durchhaltevermögen bei intensiver Arbeit oder Beanspruchung; **(V)** hilft, eigene Vorhaben trotz Widerständen durchzusetzen; **(K)** fördert Eisenaufnahme, Blutbildung, Sauerstofftransport, stärkt Leber, Milz und Darm.
Lit.: 2–6 | 8 | 14 | 17 **Verfüg.:** gering ❍

Hämatit (Roter Glaskopf)

Mineralogie: Eisenoxid (trigonal, als roter Glaskopf primär)
Indikationen: **(G)** Verbesserung; **(S)** stärkt den Willen und bringt unerfüllte Wünsche ans Licht; **(V)** lenkt die Aufmerksamkeit auf elementare Bedürfnisse und das leibliche Wohl; **(K)** fördert die Eisenaufnahme und Blutbildung, stärkt Dünndarm, Dickdarm und Nieren.
Lit.: 1–6 | 8 | 10–12 | 14 | 19 **Verfüg.:** gering ❍

Hämatitquarz

Mineralogie: Hämatit in Kristallquarz (trigon., alle Bildungsbereiche)
Indikationen: **(G)** Vitalität; **(S)** stärkt, belebt, muntert auf, fördert Mut und Begeisterung; **(V)** hilft, die eigenen Kräfte bei geistigen und körperlichen Anstrengungen richtig einzuteilen; **(K)** fördert die Blutbildung, stabilisiert den Kreislauf, stärkt Muskeln, Nerven und Sinne.
Lit.: 2 | 4–6 | 8 **Verfüg.:** gering ❍

Hauyn

Mineralogie: Blaues Aluminiumsilikat (Gerüstsilikat, kubisch, primär)
Indikationen: **(G)** Bewusstheit, Erkenntnis; **(S)** macht frei von Anhaftung, Zwang und negativen Gefühlen; **(V)** ermöglicht tiefes Verständnis und hilft, Dinge auf den Punkt zu bringen; **(K)** macht Nase und Nebenhöhlen frei, verbessert die Körperwahrnehmung.
Lit.: 2 | 4 | 6 **Verfüg.:** Rarität ❍

Heliodor (Beryll)

Mineralogie: Gelbgrüner Beryll (Ringsilikat, hexagonal, primär)

Indikationen: **(G)** Resistenz, Standfestigkeit; **(S)** hilft, starken Druck (inneren wie äußeren) zu ertragen, vermindert Aggressivität; **(V)** hilft, weitblickend zu planen und zugleich flexibel zu bleiben; **(K)** stärkt das Immunsystem und hilft bei Kurz- und Weitsichtigkeit.

Lit.: 1 | 2 | 4 | 5 | 6 | 8 **Verfüg.:** selten ❍

Heliotrop (Chalcedon)

Mineralogie: Grüner Chalcedon mit roten Punkten (trigonal, primär)

Indikationen: **(G)** Immunschutz; **(S)** fördert die Abgrenzung; **(V)** hilft, die Kontrolle zu wahren; **(K)** stärkt Lymphe und Immunabwehr, hilft bei Beschwerden von Herz, Blutgefäßen und Blase sowie bei Grippe, Erkältungen, Infektionen, Entzündungen und Eiterbildung.

Lit.: 1–14 | 16–18 **Verfüg.:** sehr gut ❍

Hemimorphit blau

Mineralogie: Kupferhalt. Zink-Gruppensilikat (rhombisch, sekundär)

Indikationen: **(G)** Geistige Entwicklung; **(S)** fördert sexuelle Erfüllung und ein ruhiges, friedvolles Gemüt; **(V)** bringt Verstand und Gefühl in Einklang; **(K)** hilft bei Hautbeschwerden, Warzen, Sonnenbrand, Verbrennungen, zur Wundheilung und bei unruhigen Beinen.

Lit.: 2 | 4–6 | 8 **Verfüg.:** selten ❍

Hemimorphit farblos

Mineralogie: Basisches Zink-Gruppensilikat (rhombisch, sekundär)

Indikationen: **(G)** Ausrichtung auf das eigene Ziel; **(S)** wirkt emotional aufbauend und bringt neuen Schwung; **(V)** hilft, Fremdbeeinflussung zu erkennen; **(K)** stärkt Gehirn, Nerven und Immunabwehr, fördert die Wundheilung und hilft bei unruhigen Beinen.

Lit.: 2 | 4–6 | 8 **Verfüg.:** selten ❍

Hermanover Kugel (Phlogopit-Anthophyllit)

Mineralogie: Phlogopit in Anthophyllit (monoklin/rhombisch, tertiär)

Indikationen: **(G)** Vertrauen, Arglosigkeit, Schutz; **(S)** vermittelt positive Lebenshaltung, hilft, unter rauher Schale einen weichen Kern zu wahren; **(V)** beendet Selbstzweifel und quälende Grübelei; **(K)** entsäuert und reguliert die Funktion der Nieren und Keimdrüsen.

Lit.: 2 | 4–6 | 8 **Verfüg.:** Rarität ❍

Hessonit (Granat)

Mineralogie: Eisenhaltiger Grossular (Inselsilikat, kubisch, tertiär)
Indikationen: (G) Selbstachtung, Aufbau, Wachstum; **(S)** beruhigt emotionalen Aufruhr, klärt Gefühle; **(V)** hilft, die eigenen Fähigkeiten wertzuschätzen; **(K)** stärkt Leber und Nieren, reguliert den Hormonhaushalt bei Über- und Unterfunktionen der Drüsen.
Lit.: 1 | 2 | 4–6 | 8 | 19 **Verfüg.:** selten ❍

Heulandit

Mineralogie: Blätterzeolith (Gerüstsilikat, monokl., alle Bildungsber.)
Indikationen: (G) Beweglichkeit; **(S)** hilft, negative Gefühle loszulassen; **(V)** erleichtert das Verändern von Gewohnheiten; **(K)** stärkt Nieren und Leber, fördert Durchblutung und Beweglichkeit, gut für Gelenke, Bandscheiben, Knie (Minisci) und Füße.
Lit.: 2 | 4–6 | 8 **Verfüg.:** gering ❍

Hiddenit (Spodumen)

Mineralogie: Gelbgrünes Kettensilikat (Pyroxen, monoklin, primär)
Indikationen: (G) Hingabe; **(S)** lehrt Hingabe ohne Selbstverleugnung; **(V)** verbessert das Erinnerungsvermögen, hilft bei Entscheidungsschwierigkeiten; **(K)** lindert Gelenkbeschwerden, hilft bei Nervenleiden, Neuralgien, Ischialgie und Zahnschmerzen.
Lit.: 2 | 4–6 | 8 | 19 **Verfüg.:** selten ❍

Hilutit (Granat-Zirkon-Quarz)

Mineralogie: Quarz mit Granat und Zirkon (trig./kub./tetr., primär)
Indikationen: (G) Geistesgegenwart, Lebenssinn; **(S)** hilft, das Leben zu bejahen, fördert soziale Kontakte, wirkt sexuell anregend; **(V)** strukturiert das Denken, ermöglicht konstruktive Konfliktlösungen; **(K)** regt Heilungsprozesse bei chronischen Beschwerden an.
Lit.: 4 | 6 **Verfüg.:** selten ❍

Hornblende

Mineralogie: Amphibol (Kettensilikat, monoklin, primär/tertiär)
Indikationen: (G) Einheit, Integration; **(S)** hilft, Gefühle der Zerrissenheit und zwanghafte Anspannung zu lösen; **(V)** hilft mit Gegensätzen umzugehen, indem jedem Aspekt der nötige Raum gewährt wird; **(K)** gut für Dünndarm, Nieren sowie Mittel- und Innenohr.
Lit.: 2 | 4 | 6 | 8 **Verfüg.:** selten ❍

Hornstein braun
Mineralogie: Jaspis-Opal-Gemenge (trigonal/amorph, sekundär)
Indikationen: **(G)** Produktivität; **(S)** vermindert Stress, macht locker, bringt sanften Tatendrang; **(V)** hilft, Vorhaben auf einfache Weise umzusetzen; **(K)** reinigt Bindegewebe und Haut, lindert Allergien, verbessert die Darmflora und hilft bei Verstopfung und Durchfall.
Lit.: 2 | 4 | 6 | 8 **Verfüg.:** gut ❍

Hornstein bunt (Flint bunt)
Mineralogie: Jaspis-Opal-Gemenge (trigonal/amorph, sekundär)
Indikationen: **(G)** Austausch, Aufgeschlossenheit; **(S)** Flexibilität und Gelassenheit; **(V)** fördert die Fähigkeit, im Team zu arbeiten; **(K)** reinigt Bindegewebe und Haut, gegen Hornhaut und Überbeine, fördert die Gefäßstabilität sowie Verdauung und Ausscheidung.
Lit.: 2 | 4 | 6 | 8 **Verfüg.:** gering ❍

Howlith
Mineralogie: Calcium-Borsilikat (Inselsilikat, monoklin, sekundär)
Indikationen: **(G)** Selbständigkeit, Achtsamkeit; **(S)** regt an, sein Leben selbst zu gestalten; **(V)** fördert die bewusste Kontrolle eigener Handlungen; **(K)** stärkt den Gleichgewichtssinn, hilft bei Übelkeit, erleichtert das Erbrechen, lindert Hautreizungen durch Kontaktgifte.
Lit.: 2 | 4–6 | 8 | 19 **Verfüg.:** selten ❍

Hydrogrossular (Granat)
Mineralogie: Hydroxidhalt. Grossularit (Inselsilikat, kubisch, tertiär)
Indikationen: **(G)** Aufbau, Wiedergutmachung, Ordnung; **(S)** bringt emotionales Engagement, löst Selbstmitleid auf; **(V)** ersetzt falsche Vorstellungen durch eine realistische Sicht der Dinge; **(K)** stärkt Nieren, Leber und Galle, regt Entschlackung und Ausleitung an.
Lit.: 4 | 6 | 8 | 14 | 19 **Verfüg.:** selten ❍

Hypersthen (Ferro-Enstatit)
Mineralogie: Schillerndes Kettensilikat (Pyroxen, rhombisch, primär)
Indikationen: **(G)** Ausgewogenheit; **(S)** bringt das richtige Maß an Aktivität und Ruhe, macht dynamisch und ausgeglichen; **(V)** hilft, Kritik anzunehmen und eigene Überzeugungen zu vertreten; **(K)** löst Verspannungen, lindert Schmerzen, hilft bei übersäuertem Magen.
Lit.: 2 | 4–6 | 8 **Verfüg.:** selten ❍

Ilmenitquarz

Mineralogie: Ilmenitnadeln in Quarz (Oxide, trigonal, primär)
Indikationen: **(G)** Eingebung, Image; **(S)** bringt Persönlichkeit, Charakter und Fähigkeiten besser zur Geltung; **(V)** hilft, Inspiration und Einbildung zu unterscheiden sowie große Taten zu wagen; **(K)** bei Verengungs-, Degenerations- oder Abnutzungserscheinungen.
Lit.: 2 | 4 | 6 **Verfüg.:** Rarität ❍

Jadeit, »Jade«

Mineralogie: Kettensilikat der Pyroxengruppe (monoklin, tertiär)
Indikationen: **(G)** Ausgleich; **(S)** schafft einen Ausgleich zwischen Ruhe und Aktivität; **(V)** fördert spielerische Selbstverwirklichung; **(K)** reguliert Nerven, Nieren und Nebennieren (Adrenalinproduktion), gleicht Wasser-, Mineralstoff- und Säure/Basen-Haushalt aus.
Lit.: 1 | 2 | 4–9 | 14 | 19 **Verfüg.:** gering ❍

Jadeit schwarz, »Jade schwarz«

Mineralogie: Schwarzer Jadeit (Kettensilikat, monoklin, tertiär)
Indikationen: **(G)** Das rechte Maß; **(S)** befreit von negativen Gefühlen, beruhigt und festigt; **(V)** hilft, eine neutrale Haltung einzunehmen und das rechte Maß im eigenen Tun zu finden; **(K)** reguliert die Ausleitung und Ausscheidung über Nieren und Blase.
Lit.: 4 | 6 | 19 **Verfüg.:** selten ❍

Jamesonitquarz

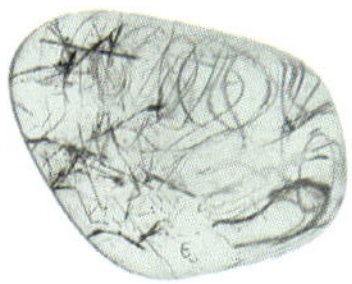

Mineralogie: Jamesonit in Quarz (monoklin/trigonal, primär/tertiär)
Indikationen: **(G)** Unterordnung; **(S)** bringt Disziplin zur Überwindung schädlicher Gewohnheiten; **(V)** hilft, die persönlichen Interessen höheren Idealen unterzuordnen; **(K)** hilft bei Immunschwäche sowie Knochen-, Haut- und Nervenleiden, fördert die Entgiftung.
Lit.: 2 | 4 | 6 **Verfüg.:** Rarität ❍

Jaspis beige, »Elfenbein-Jaspis«

Mineralogie: Elfenbeinfarbener Jaspis (Quarz, trigonal, primär)
Indikationen: **(G)** Entschlackung; **(S)** bringt beständige, gleichmäßige Kraft, hilft, Extreme zu vermeiden; **(V)** ermöglicht das Loslösen von fremdem Gedankengut; **(K)** wirkt stark entschlackend und reinigt das Bindegewebe, lindert Allergien und Hautbeschwerden.
Lit.: 2 | 4 | 5 | 8 | 11 | 17 **Verfüg.:** gut ❍

Jaspis beige-braun, »Cappuchino-Jaspis«
Mineralogie: Jaspis in Cappuchino-Farben (Quarz, trigonal, primär)
Indikationen: **(G)** Leistungsvermögen; **(S)** bringt Standfestigkeit, fördert innere Ruhe; **(V)** hilft, ein großes Arbeitspensum durch sinnvolles Einteilen der Kräfte zu bewältigen; **(K)** stärkt Magen, Darm und Immunsystem, fördert Entschlackung und Ausscheidung.
Lit.: 2 | 4 | 5 | 8 | 11 | 17 **Verfüg.:** gut ❍

Jaspis braun-grau, »Bilder-Jaspis«
Mineralogie: Jaspis mit bildhafter Zeichnung (trigonal, primär)
Indikationen: **(G)** Bewältigung; **(S)** hilft, kräftezehrende Lebensumstände zu ertragen; **(V)** bringt Freude an einfachen Dingen; **(K)** fördert die Entschlackung und Reinigung des Bindegewebes, regt die Ausscheidung an und lindert allergische Reaktionen.
Lit.: 2 | 4–6 | 8 | 11 | 17 **Verfüg.:** gut ❍

Jaspis braun
Mineralogie: Jaspis in verschiedenen Brauntönen (trigonal, primär)
Indikationen: **(G)** Unermüdlichkeit; **(S)** fördert Festigkeit, Beharrlichkeit und Flexibilität (wenn notwendig); **(V)** hilft, begonnene Projekte beständig voranzutreiben; **(K)** regt Verdauung und Ausscheidung an, stabilisiert den Kreislauf und hilft bei tiefer Erschöpfung.
Lit.: 2 | 4–6 | 8 | 11 | 17 | 19 **Verfüg.:** gut ❍

Jaspis »Brekzien-Jaspis«, »Trümmer-Jaspis«
Mineralogie: Jaspis-Brekzie mit Chalcedon-Kitt (trigonal, sekundär)
Indikationen: **(G)** Konfliktbereitschaft; **(S)** hilft, nach Niederlagen immer wieder aufzustehen; **(V)** erleichtert das Austragen von Konflikten und hilft, Schäden wiedergutzumachen; **(K)** belebt und vitalisiert, regt Kreislauf, Durchblutung und Selbstheilkräfte an.
Lit.: 1 | 2 | 4–6 | 8 | 11 | 13 | 14 | 16 | 17 **Verfüg.:** sehr gut ❍

Jaspis bunt
Mineralogie: Mehrfarbiger Jaspis (Quarz, trigonal, primär/sekundär)
Indikationen: **(G)** Schöpferkraft; **(S)** belebt und bringt ein bewegtes Seelenleben; **(V)** unterstützt die schöpferische Umsetzung eigener Ideen; **(K)** fördert die Entgiftung und das Immunsystem, regeneriert das Funktionsgewebe der Organe (Parenchym).
Lit.: 1 | 2 | 4–6 | 8 | 12 | 16 | 17 | 19 **Verfüg.:** gut ❍

Jaspis gelb

Mineralogie: Limonithaltiger Jaspis (Quarz, trigonal, sekundär)
Indikationen: **(G)** Ausdauer; **(S)** fördert Ausdauer und Beharrlichkeit; **(V)** hilft, Erfahrungen zu verarbeiten und frustrierende Erlebnisse zu verkraften; **(K)** baut langfristig einen stabilen Immunschutz auf, fördert die Verdauung, reinigt und strafft das Bindegewebe.
Lit.: 1 | 2 | 4–9 | 11 | 16 | 17 | 19 **Verfüg.**: gut ❍

Jaspis grün

Mineralogie: Eisensilikathaltiger Jaspis (Quarz, trigonal, primär)
Indikationen: **(G)** Abwehrkraft, Gleichmaß; **(S)** beruhigt die Gefühle, hilft, sie zu leben und zu ihnen zu stehen; **(V)** verbessert die Kontrolle über Gedanken und Handlungen; **(K)** stärkt die Immunabwehr, hilft bei Grippe, Erkältungen, Infektionen und Entzündungen.
Lit.: 1 | 2 | 4–6 | 8 | 9 | 16 | 17 | 19 **Verfüg.**: gut ❍

Jaspis mit Hämatit, »Eisen-Jaspis«

Mineralogie: Jaspis-Hämatit-Gemenge (Oxide, trigonal, tertiär)
Indikationen: **(G)** Kondition; **(S)** erhöht die Kondition bei starker Belastung; **(V)** hilft, die eigenen Ideen mit Geschick und Nachdruck um- und durchzusetzen; **(K)** verbessert die Eisenaufnahme und Bildung von roten Blutkörperchen, regt Kreislauf und Durchblutung an.
Lit.: 1 | 2 | 4–6 | 8 | 11 | 13 | 14 | 17 **Verfüg.**: gering ❍

Jaspis »Poppy-Jaspis«

Mineralogie: Bunt gemusterter Jaspis (Quarz, trigonal, sekundär)
Indikationen: **(G)** Gute Laune; **(S)** bringt Frohsinn, Lust auf Abwechslung und neue Erfahrungen; **(V)** regt Phantasie und vielseitige Kreativität an und hilft, diese Ideenfülle auch zu realisieren; **(K)** fördert Immunsystem, Leber, Kreislauf und Regenerationsfähigkeit.
Lit.: 1 | 2 | 4–6 | 8 | 16 | 17 **Verfüg.**: gut ❍

Jaspis rot

Mineralogie: Hämatithaltiger Jaspis (Quarz, trigonal, sekundär)
Indikationen: **(G)** Willenskraft; **(S)** macht mutig, dynamisch, bringt Energie und fördert die Kriegernatur; **(V)** bringt Courage für unangenehme Aufgaben und macht geistig rege; **(K)** durchwärmt, durchblutet, belebt, regt den Kreislauf an und wirkt fiebertreibend.
Lit.: 1– 6 | 8 | 9 | 11–14 | 16 | 17 | 19 **Verfüg.**: sehr gut ❍

Jaspis **»Turitella-Jaspis«**

Mineralogie: Verst. Schnecken (Jaspis, trigonal, sekundär-primär)

Indikationen: **(G)** Rückzug; **(S)** hilft, Schuldgefühle zu überwinden; **(V)** regt an, sich auf eigene Wünsche, Ziele und Pläne zu besinnen; **(K)** fördert Entschlackung und Ausscheidung, erhöht die Widerstandskraft gegen Umweltbelastung (Schmutz, Gift, Strahlung).

Lit.: 1 | 2 | 4–6 | 8 | 11 | 17 **Verfüg.:** sehr gut ❍

Jaspis **»Vulkanjaspis«**

Mineralogie: Brekzie mit Jaspis in Chalcedon (trigonal, sekundär)

Indikationen: **(G)** Vorsicht, Sorgsamkeit; **(S)** fördert den siebten Sinn für Gefahren; **(V)** hilft, in kritischen Situationen ruhig, rasch und bestimmt zu handeln; **(K)** regt die Reinigung von Bindegewebe, Lymphe und Blut an, aktiviert Milz, Leber, Nieren und Darm.

Lit.: 2 | 4 | 6 | 8 **Verfüg.:** gut ❍

Kalahari Picture Stone (Landschaftsstein)

Mineralogie: Quarz-Sandstein (trigonal, sekundär)

Indikationen: **(G)** Durchhaltevermögen; **(S)** stärkt bei langanhaltender Belastung; **(V)** hilft, bei Misserfolgen unentwegt neue Versuche zu starten; **(K)** fördert Verdauung, Immunsystem und die Reinigung des Bindegewebes, lindert daher Allergien und Heuschnupfen.

Lit.: 2 | 4–6 | 8 | 11 | 13 | 14 | 17 **Verfüg.:** sehr gut ❍

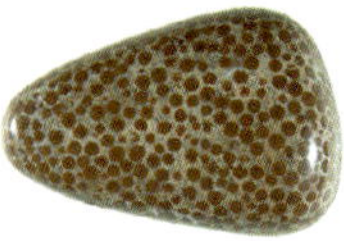

Kalkoolith **(Rogenstein, Margarita-Stein)**

Mineralogie: Kalkkügelchen-Gestein (rhombisch/trigonal, sekundär)

Indikationen: **(G)** Reinigung; **(S)** bringt Entlastung auf sanfte Weise, hilft nachts besser durchzuschlafen; **(V)** befreit von drängenden Gedanken und »Kopfzerbrechen«; **(K)** wirkt fiebersenkend, entgiftend, entschlackend und lindert stoffwechselbedingte Kopfschmerzen.

Lit.: 2 | 4–6 | 8 | 13 | 14 | 16 **Verfüg.:** gering ❍

Karneol gebändert, »Karneolachat« (Chalcedon)

Mineralogie: Karneolfarbener Achat (Quarz, trigonal, prim./sekund.)

Indikationen: **(G)** Anregung, Motivation; **(S)** hilft, Schwierigkeiten zu überwinden und energisch für etwas einzutreten; **(V)** fördert die Aufnahmefähigkeit; **(K)** regt Vitamin-, Nähr- und Mineralstoffaufnahme im Dünndarm an, verbessert die Fließeigenschaften des Blutes.

Lit.: 1 – 9 | 11–14 | 16 | 19 **Verfüg.:** gering ❍

Karneol (Chalcedon)

Mineralogie: Hämatithaltiger Chalcedon (Quarz, trig., prim./sekund.)
Indikationen: **(G)** Mut, Überwindung; **(S)** bringt Tatkraft, Mut, Standfestigkeit und gute Laune; **(V)** fördert Idealismus, Gemeinschaftssinn und Pragmatismus; **(K)** verbessert die Blutqualität, regt Dünndarm, Stoffwechsel, Kreislauf und Durchblutung an.
Lit.: 1 – 9 | 11–14 | 16 | 19 **Verfüg.:** gering ❍

Kassiterit

Mineralogie: Zinnoxid (Rutilgruppe, tetragonal, primär/tertiär)
Indikationen: **(G)** Größe, Vollendung; **(S)** fördert Großzügigkeit im rechten Maß; **(V)** hilft, vieles zugleich (wertfrei) wahrzunehmen und Träume zu realisieren; **(K)** hilft bei Essstörungen, Abmagerung oder Übergewicht, wirkt regulierend auf Nerven und Hormonsystem.
Lit.: 2 | 4 | 6 | 8 **Verfüg.:** selten ❍

Kimberlit

Mineralogie: Vulkanbrekzie (überw. monoklin/rhombisch, primär)
Indikationen: **(G)** Wandlung; **(S)** erleichtert schmerzhafte Prozesse im Leben und gibt neuen Antrieb; **(V)** hilft, Widerstände gegen Veränderung aufzugeben und Unvereinbares zu verbinden; **(K)** fördert die Entsäuerung und reguliert den Mineralstoffhaushalt.
Lit.: 2 | 4 | 8 **Verfüg.:** gering ❍

Klinoptilolith

Mineralogie: Meist feinkörniger Blätterzeolith (monoklin, primär)
Indikationen: **(G)** Verbundenheit; **(S)** fördert eine positive Lebenseinstellung, mindert Stress, bringt Erholung im Schlaf; **(V)** macht milde und nachsichtig; **(K)** entgiftet, entschlackt, reinigt Darm und Haut, lindert Entzündungen, Rheuma, Gicht, Allergien, Immunschwäche.
Lit.: 2 | 4 | 6 **Verfüg.:** gut ❍

Konglomerat »Goldstone«

Mineralogie: Pyrit-Quarz-Gestein (kubisch/trigonal, sekundär)
Indikationen: **(G)** Selbsteinschätzung, Selbsterkenntnis; **(S)** konfrontiert mit den eigenen Schattenseiten; **(V)** verbessert das Einschätzen der eigenen Kräfte und Fähigkeiten; **(K)** regt intensive Reinigungs- und Ausscheidungsprozesse an.
Lit.: 2 | 4 | 8 **Verfüg.:** selten ❍

Konglomerat »Trümmer-Jaspis«

Mineralogie: Grobkörniges Sediment (überw. trigonal, sekundär)
Indikationen: **(G)** Kritik und Korrektur; **(S)** verbessert das Gespür für förderliche oder hinderliche Einflüsse; **(V)** hilft, sich selbst immer wieder zu hinterfragen und die eigenen Vorhaben zu korrigieren; **(K)** stärkt Kreislauf, Milz, Dünndarm und Verdauung.
Lit.: 2 | 4 **Verfüg.:** selten ❍

Kopal

Mineralogie: Getrocknetes Harz (organisch, amorph, sekundär)
Indikationen: **(G)** Ja zum Leben; **(S)** fördert Lebensfreude, Heiterkeit und Belastbarkeit; **(V)** bringt Akzeptanz, positives Denken, Lernfähigkeit und Leistungsbereitschaft; **(K)** schleimlösend, hilft bei Magen-, Zahn- und Gelenkbeschwerden, gut für Haut, Haare und Nägel.
Lit.: 2 | 4 | 6 | 19 **Verfüg.:** sehr gut ❍

Kunzit (Spodumen)

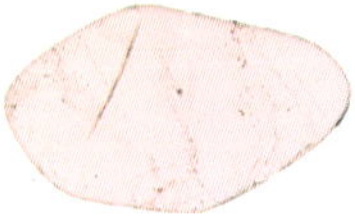

Mineralogie: Rosa Kettensilikat (Pyroxengruppe, monoklin, primär)
Indikationen: **(G)** Demut; **(S)** verbessert das Einfühlungsvermögen, hilft bei Kontaktschwierigkeiten; **(V)** ermöglicht, Kritik anzunehmen, fördert Toleranz und die Bereitschaft zum Dienen; **(K)** hilft bei Neuralgien, Ischialgie, Zahnschmerzen, löst Spannungen im Herzbereich.
Lit.: 1–14 | 17 | 19 **Verfüg.:** gering ❍

Kupfer

Mineralogie: Edelmetall (Natürl. Elemente, kubisch, prim./sekundär)
Indikationen: **(G)** Schönheit; **(S)** fördert das Empfinden für Ästhetik, Harmonie und die Liebe zu allen Wesen; **(V)** bringt verspielte Kreativität und fördert den Gerechtigkeitssinn; **(K)** macht fruchtbar, lindert Krämpfe und Menstruationsbeschwerden, stärkt Leber und Gehirn.
Lit.: 2 | 4 | 6 | 8 **Verfüg.:** gut ❍

Labradorit (Feldspat)

Mineralogie: Bunt schillernder Feldspat (Gerüstsilikat, triklin, primär)
Indikationen: **(G)** Reflektion, Wahrheit; **(S)** stärkt Intuition, Gefühlstiefe und mediale Gaben; **(V)** fördert vergessene Erinnerungen zutage und hilft, Illusionen zu erkennen; **(K)** vermindert Kälteempfindlichkeit, senkt den Blutdruck und lindert Rheuma und Gicht.
Lit.: 1–10 | 11–14 | 17 **Verfüg.:** gut ❍

Labradorit **»Goldlabradorit«** **(Feldspat)**

Mineralogie: Goldgelber Labradorit (Gerüstsilikat, triklin, primär)

Indikationen: **(G)** Wertschätzung; **(S)** fördert das Selbstbewusstsein, hilft bei Misstrauen und Ängsten; **(V)** ermöglicht, Wert und Wichtigkeit einer Angelegenheit einzuschätzen; **(K)** fördert die Energieverteilung im Körper, stärkt Milz, Pankreas und das vegetative Nervensystem.

Lit.: 2 | 4 | 5 **Verfüg.:** gering ❍

Labradorit **»Spektrolith«** **(Feldspat)**

Mineralogie: Sehr bunter Labradorit (Gerüstsilikat, triklin, primär)

Indikationen: **(G)** Phantasie, Kreativität; **(S)** stärkt künstlerische Begabung und das Gespür für stimmige Zusammenhänge; **(V)** regt Begeisterung, Ideenfülle und Kreativität an; **(K)** vermindert Kälteempfindlichkeit und lindert Rheuma und Gicht.

Lit.: 1–14 | 17 **Verfüg.:** gering ❍

Labradorit weiß, **»Regenbogen-Mondstein«** **(Feldspat)**

Mineralogie: Blauschillernder, weißer Labradorit (triklin, primär)

Indikationen: **(G)** Feinfühligkeit; **(S)** verbessert Empfindungsfähigkeit, Schlaf und Traumerinnerung; **(V)** fördert Wachheit und Beobachtungsgabe; **(K)** verbessert das Körpergefühl, reguliert den weiblichen Hormonzyklus und hilft bei Menstruationsbeschwerden.

Lit.: 2 | 4–6 | 8 | 14 | 19 **Verfüg.:** gut ❍

Lapislazuli

Mineralogie: Lasurit-Gestein (Lasurit: Gerüstsilikat, kubisch, tertiär)

Indikationen: **(G)** Wahrheit; **(S)** fördert Aufrichtigkeit, Würde, Kontaktfreudigkeit und Freundschaft; **(V)** hilft, die Wahrheit zu sagen und anzunehmen; **(K)** hilft bei Beschwerden von Hals, Kehlkopf, Stimmbändern, Nerven und Gehirn, reguliert die Schilddrüse.

Lit.: 1–14 | 16 | 17 | 19 **Verfüg.:** gut ❍

Lapislazuli **mit Calcit,** **»Fleck-Lapis«**

Mineralogie: Lasurit-Calcit-Gemenge (kubisch/trigonal, tertiär)

Indikationen: **(G)** Selbstverantwortung; **(S)** fördert die Authentizität und hilft, Kontrolle über das eigene Leben zu gewinnen; **(V)** fördert Unterscheidungsfähigkeit und Intelligenz, hilft, sich mitzuteilen; **(K)** senkt Fieber und Blutdruck, verlangsamt den Menstruationszyklus.

Lit.: 1 – 8 | 11 | 12 | 14 | 16 | 17 | 19 **Verfüg.:** gut ❍

Larimar (Pektolith blau)
Mineralogie: Blauer Pektolith (Kettensilikat, triklin, primär)
Indikationen: **(G)** Offenheit; **(S)** hilft, den geistigen Raum zu vergrößern und abzugrenzen sowie aufgenommene Eindrücke zu verarbeiten; **(V)** erweitert die Wahrnehmung; **(K)** regt Gehirntätigkeit und Sensibilität an, hilft bei Beschwerden von Brust, Hals und Kopf.
Lit.: 1 | 2 | 4–6 | 8 | 9 | 12 | 14 | 19 **Verfüg.:** gering ❍

Larvikit (Syenit-Monzonit)
Mineralogie: Feldspatreicher Magmatit (triklin/mono./trigon., primär)
Indikationen: **(G)** Einschätzung, Direktheit; **(S)** reduziert Gefühlsregungen, macht nüchtern und neutral; **(V)** hilft, komplizierte Sachverhalte zu durchschauen und zu klären; **(K)** entschlackt das Gewebe, beruhigt die Nerven, kühlt und senkt den Blutdruck.
Lit.: 2 | 4 | 8 | 17 **Verfüg.:** gut ❍

Lavendel-Jade (Jadeit lila)
Mineralogie: Manganhaltiger Jadeit (Kettensilikat, monoklin, tertiär)
Indikationen: **(G)** Innerer Friede; **(S)** bringt innere Harmonie, lindert Nervosität und Gereiztheit; **(V)** hilft, Enttäuschungen zu überwinden und Beziehungskonflikte zu lösen; **(K)** hilft bei Nierenleiden, lindert Entzündungen sowie Herz-, Zahn- und Nervenschmerzen.
Lit.: 1–6 | 8 | 19 **Verfüg.:** selten ❍

Lavendelquarz (Chalcedon lila)
Mineralogie: Lavendelfarbener Chalcedon (trigonal, prim./sekundär)
Indikationen: **(G)** Verständnis, Feingefühl; **(S)** verbindet Ruhe und Aufmerksamkeit, fördert ein gutes Gespür für die Bedürfnisse anderer; **(V)** fördert das Verstehen und die Bereitschaft, ständig hinzuzulernen; **(K)** stärkt Nieren, Drüsensekretion und senkt den Blutdruck.
Lit.: 2 | 4 | 5 | 8 **Verfüg.:** gering ❍

Lazulith
Mineralogie: Basisch. Aluminiumphosphat (monoklin, sekund./tert.)
Indikationen: **(G)** Spirituelle Orientierung; **(S)** macht Gefühle und Empfindungen bewusster, schenkt Frieden; **(V)** fördert das Nachdenken über Sinn, Wert und Wichtigkeit; **(K)** kräftigt und entspannt, reguliert Nerven, Stoffwechsel und Hormonsystem auf sanfte Weise.
Lit.: 2 | 4 | 6 | 8 **Verfüg.:** Rarität ❍

Lepidolith (Glimmer)

Mineralogie: Lithium-Glimmer (Schichtsilikat, monoklin, primär)

Indikationen: **(G)** Abgrenzung; **(S)** schützt vor äußerer Beeinflussung, schenkt inneren Frieden, hilft bei Schlafstörungen; **(V)** befreit von Ablenkungen, hilft, sich auf das Wesentliche zu konzentrieren; **(K)** lindert Gelenk- und Nervenschmerzen, Ischialgie und Neuralgien.

Lit.: 1 | 2 | 4–6 | 8 | 9 **Verfüg.:** gut ❍

Libysches Wüstenglas (Glas natur)

Mineralogie: Erstarrte Siliciumdioxid-Schmelze (amorph, primär)

Indikationen: **(G)** Frohsinn, Spaß; **(S)** macht spontan, impulsiv, lebensfroh und gesellig; **(V)** ermöglicht, Zweifel los- und vielseitige Betrachtungen zuzulassen; **(K)** hilft bei Trübungen des Augapfels und der Linse (»grauer Star«), gut für Magen und Pankreas.

Lit.: 2 | 4 | 6 **Verfüg.:** selten ❍

Limonit (Toneisenstein)

Mineralogie: Limonit-Gestein (Eisenoxid, rhombisch, sekundär)

Indikationen: **(G)** Innere Stärke; **(S)** gibt Kraft bei extremer Belastung, hilft, Egoismus zu Gemeinschaftssinn zu wandeln; **(V)** hilft, bei Angriffen standzuhalten ohne zurückzuschlagen; **(K)** fördert die Entschlackung, stärkt Verdauung und Ausscheidung.

Lit.: 2 | 4 | 6 | 8 **Verfüg.:** gut ❍

Lizardit (Serpentin)

Mineralogie: Basisches Magnesium-Schichtsilikat (trigonal, tertiär)

Indikationen: **(G)** Dankbarkeit; **(S)** macht glücklich und hilft, sich vom Leben getragen zu fühlen; **(V)** ermöglicht, Konflikte freundlich zu klären und sich zu versöhnen; **(K)** entgiftet, lindert Übersäuerung, hilft bei Krämpfen, gut für Leber, Galle, Nieren und Verdauung.

Lit.: 4 | 5 | 19 **Verfüg.:** gering ❍

Magnesit (kompakt)

Mineralogie: Magnesiumcarbonat (trigonal, sekundär/tertiär)

Indikationen: **(G)** Entspannung; **(S)** macht geduldig, hilft bei Nervosität, Ängstlichkeit und Gereiztheit; **(V)** fördert die Kunst des Hinhörens; **(K)** hilft bei Migräne, Kopfschmerzen, Krämpfen, Koliken, Verspannungen, beugt Gefäßablagerungen und Herzinfarkt vor.

Lit.: 1–11 | 13 | 14 | 17–19 **Verfüg.:** sehr gut ❍

Magnesit (Knolle)

Mineralogie: Magnesiumcarbonat (trigonal, sekundär)

Indikationen: **(G)** Nachgiebigkeit; **(S)** hilft, nachgiebiger zu werden, ohne eigene Vorhaben aufzugeben, lindert Stress; **(V)** regt an, Dinge einfach »geschehen zu lassen« statt großen Aufwand zu betreiben; **(K)** entgiftet, entsäuert, lindert Verspannungen und Krämpfe.

Lit.: 1–11 | 13 | 14 | 17–19 **Verfüg.:** gut ❍

Magnetit

Mineralogie: Magnetisches Eisenoxid (kubisch, primär/tertiär)

Indikationen: **(G)** Aktivierung, Orientierung; **(S)** steigert die Reaktionsfähigkeit; **(V)** regt an, sich an höheren Idealen auszurichten, hilft Nützliches und Unnützes zu unterscheiden; **(K)** stimuliert Energiefluss und Drüsentätigkeit, regt Leber und Gallenproduktion an.

Lit.: 2 | 4–6 | 8 | 9 | 14 | 16 | 19 **Verfüg.:** gut ❍

Malachit

Mineralogie: Basisches Kupfercarbonat (monokl., primär/sekundär)

Indikationen: **(G)** Abenteuer, intensives Leben; **(S)** vertieft das Gefühlsleben, hilft bei sexuellen Schwierigkeiten; **(V)** fördert Vorstellungs- und Entschlusskraft; **(K)** regt Gehirn, Nerven und Leber an, entgiftet, hilft bei Rheuma, Krämpfen, Menstruationsbeschwerden.

Lit.: 1–14 | 17 | 19 **Verfüg.:** gut ❍

Mandarinenkristall (Quarz)

Mineralogie: Bergkristall mit Hämatitüberzug (trigonal, prim./tert.)

Indikationen: **(G)** Wohlergehen, Freude; **(S)** macht aufgeschlossen und bringt seelische Wärme; **(V)** weckt Interesse und fördert die Kreativität; **(K)** erwärmt, durchblutet, fördert die Verdauung, stärkt die Muskulatur und regt zur Bewegung und Aktivität an.

Lit.: 4 | 5 | 21 **Verfüg.:** selten ❍

Markasit

Mineralogie: Eisensulfid (rhombisch, primär/sekundär)

Indikationen: **(G)** Selbstwert; **(S)** hilft, sich selbst wertzuschätzen und bringt ungelebte Wünsche ans Licht; **(V)** hilft, Ursachen fürs eigene Unglücklichsein zu erkennen sowie Anpassung und Unterordnung aufzugeben; **(K)** regt die Entgiftung und Ausscheidung an.

Lit.: 2 | 4 | 6 | 8 **Verfüg.:** gering ❍

Marmor (Calcit-Marmor)

Mineralogie: Metamorpher Kalk (Calciumcarbonat, trigonal, tertiär)
Indikationen: **(G)** Wandlung; **(S)** hilft, sich von innerem Unfrieden zu befreien und unglückliche Lebensumstände zu wandeln; **(V)** eröffnet neue Perspektiven, bringt kreative Problemlösungen; **(K)** fördert die Entwicklung bei Kindern, stärkt Nieren und Milz, lindert Allergien.
Lit.: 1 | 2 | 4 | 6 | 8 | 19 **Verfüg.:** gut ❍

Marmor »Zebra-Marmor« (Dolomit-Marmor)

Mineralogie: Metamorpher Dolomit mit Mangan (trigonal, tertiär)
Indikationen: **(G)** Selbstbefreiung; **(S)** hilft, sich gegen Unterdrückung zu wehren, bessert ständige Unzufriedenheit; **(V)** hilft Resignation zu überwinden; **(K)** fördert Entschlackung und Ausscheidung, lindert Allergien, stärkt Milz, Nieren, Darm, Gewebe und Haut.
Lit.: 1 | 2 | 4 | 6 | 8 | 19 **Verfüg.:** gut ❍

Mawsitsit

Mineralogie: Gestein m. Jadeit, Albit, Chlorit u.a. (mono./trikl. u.a., tert.)
Indikationen: **(G)** Ausgleich, Toleranz, Achtsamkeit; **(S)** wandelt Übellaunigkeit, fördert Wohlbefinden und Vertrauen; **(V)** hilft, Unabänderliches zu akzeptieren; **(K)** schmerzlindernd, nervenstärkend, bringt neue Kraft und Vitalität, hilft bei Nierenbeschwerden.
Lit.: 2 | 4 | 6 | 8 | 19 **Verfüg.:** selten ❍

Melanit (Granat)

Mineralogie: Titanhaltiger Andradit (Inselsilikat, kubisch, tertiär)
Indikationen: **(G)** Selbstfindung, Aufrichtigkeit; **(S)** für Standhaftigkeit, Stabilität und Vertrauen; **(V)** öffnet für die Stimme des Gewissens und stärkt das »Rückgrat« in Auseinandersetzungen; **(K)** fördert das Größenwachstum und kräftigt Knochen und Wirbelsäule.
Lit.: 1 | 2 | 4 | 6 | 8 | 19 **Verfüg.:** selten ❍

Metagabbro

Mineralogie: Metamorph umgewandelter Gabbro (mono./trikl., tert.)
Indikationen: **(G)** Durchblick, Instinkt; **(S)** hilft, sich über die eigenen Gefühle klar zu werden; **(V)** ermöglicht, dem Bauchgefühl zu vertrauen und die Konsequenzen eigener Taten zu beobachten; **(K)** stärkt Nerven, Nieren, Verdauung, gut für Ohren, Kehlkopf, Stimme.
Lit.: 4 **Verfüg.:** selten ❍

Meta-Rhyolith **»Augenstein«, »Regenwaldstein«**

Mineralogie: Verkieselter Vulkanit (trig./mono./trikl./amorph, primär)
Indikationen: **(G)** Intensivierung; **(S)** verstärkt bestehende Zustände ohne Veränderung, hilft, sich so zu akzeptieren, wie man ist; **(V)** ermöglicht, die eigene Situation klarer zu sehen und besser einzuschätzen; **(K)** lindert Grippe, Erkältungen und Infektionen.
Lit.: 1 | 2 | 4–6 | 8 | 17 **Verfüg.:** gut ❍

Meta-Rhyolith **»Dr. Liesegang Stein«, »Aztekenstein«**

Mineralogie: Verkieselter Vulkanit (trig./mono./trikl./amorph, primär)
Indikationen: **(G)** Stärkung; **(S)** verstärkt den bestehenden Zustand, fördert das Selbstwertgefühl; **(V)** hilft, anstrengende Situationen ruhig und sicher zu meistern; **(K)** fördert die Widerstandskraft und das Immunsystem, wirkt anregend auf Dünndarm und Dickdarm.
Lit.: 2 | 4–6 | 8 **Verfüg.:** gering ❍

Meta-Rhyolith **»Leopardenstein«**

Mineralogie: Verkieselter Vulkanit (trig./mono./trikl./amorph, primär)
Indikationen: **(G)** Festigung; **(S)** für Ausgewogenheit zwischen Aktivität und Ruhe und guten, tiefen Schlaf; **(V)** verdeutlicht, was zu tun ist – ohne neue Impulse; **(K)** regt Verdauung und Ausscheidung an, hilft bei Hautbeschwerden und verhärtetem Gewebe.
Lit.: 1 | 2 | 4–6 | 8 | 17 **Verfüg.:** sehr gut ❍

Mikroklin (Feldspat)

Mineralogie: Kalium-Feldspat (Gerüstsilikat, triklin, primär)
Indikationen: **(G)** Pragmatismus; **(S)** bringt Ausgeglichenheit und Beständigkeit, hilft, in sich zu ruhen; **(V)** ermöglicht nüchternes und realistisches Betrachten und besonnenes Handeln; **(K)** stabilisiert den Kreislauf, hilft bei Magen- und Darmbeschwerden.
Lit.: 4–6 | 8 | 19 **Verfüg.:** selten ❍

Moldavit (Tektit)

Mineralogie: Durch Meteoriteneinschlag entst. Glas (amorph, tertiär)
Indikationen: **(G)** Freiheit; **(S)** bringt grenzenlose Weite, fördert Träumen und Erinnerung; **(V)** löst die Aufmerksamkeit von starken Verhaftungen und fördert die Erkenntnis, ein geistiges Wesen zu sein; **(K)** hilft bei Atemwegserkrankungen, Grippe und Anämie.
Lit.: 1 | 2 | 4–8 | 12 | 14 | 19 **Verfüg.:** gering ❍

Mondolith (Eisenkiesel-Chalcedon)
Mineralogie: Eisenkiesel auf Chalcedon (Quarz, trigonal, sekundär)
Indikationen: **(G)** Achtsamkeit; **(S)** stärkend und ausgleichend, belebt und vertreibt Müdigkeit; **(V)** macht wach und reaktionsschnell; **(K)** regt Verdauung, Durchblutung und Immunsystem an, hilft bei Unterbrechungen und Verzögerungen der Menstruationsblutung.
Lit.: 4 **Verfüg.:** selten ❍

Mondstein grau (Feldspat)
Mineralogie: Grauer Mondstein (monoklin/triklin, primär)
Indikationen: **(G)** Intuition; **(S)** bringt Gefühlstiefe, hilft bei Mondsüchtigkeit; **(V)** macht offen für Eingebungen und Impulse; **(K)** bringt Hormonzyklen und Naturrhythmen in Einklang, hilft bei Beschwerden während der Menstruation, nach Geburten und im Klimakterium.
Lit.: 1–14 | 17–19 **Verfüg.:** gut ❍

Mondstein grün (Feldspat)
Mineralogie: Grüner Mondstein (monoklin/triklin, primär)
Indikationen: **(G)** Sensibilität; **(S)** hilft, die eigene Empfänglichkeit für Stimmungen und Atmosphären wahrzunehmen; **(V)** ermöglicht, über Gefühle zu reden; **(K)** reguliert den Hormonhaushalt in der Pubertät und im Klimakterium, hilft bei Menstruationsbeschwerden.
Lit.: 2 | 4–6 | 8 **Verfüg.:** gering ❍

Mondstein rötlich (Feldspat)
Mineralogie: Rötlicher Mondstein (monoklin/triklin, primär)
Indikationen: **(G)** Eingebung; **(S)** hilft, Gefühle auszudrücken und zu leben; **(V)** erweitert den Horizont und hilft, zugleich realistisch zu bleiben; **(K)** regt die Hormondrüsen an, fördert die Fruchtbarkeit, hilft bei Beschwerden während der Menstruation und nach Geburten.
Lit.: 1–14 | 17 | 18 **Verfüg.:** gut ❍

Mondstein weiß (Feldspat)
Mineralogie: Adularisierender Feldspat (monoklin/triklin, primär)
Indikationen: **(G)** Hellsichtigkeit; **(S)** macht das Gefühlsleben leichter, hilft bei Mondsüchtigkeit; **(V)** öffnet die hellen Sinne; **(K)** bringt Hormonzyklen und Naturrhythmen in Einklang, hilft bei Beschwerden während der Menstruation, nach Geburten und im Klimakterium.
Lit.: 1–14 | 17–19 **Verfüg.:** gut ❍

Mookait (Hornstein)

Mineralogie: Jaspis-Opal-Gemenge (trigonal/amorph, sekundär)
Indikationen: **(G)** Erfahrung; **(S)** fördert Abwechslung, Spaß und intensive Erfahrungen; **(V)** macht flexibel, regt an, mehrere Möglichkeiten zu entwerfen und stets die passende zu wählen; **(K)** stärkt Milz, Leber, Immunsystem, fördert Blutreinigung und Wundheilung.
Lit.: 1–6 | 8–14 | 17 **Verfüg.:** gut ❍

Moosachat (Chalcedon)

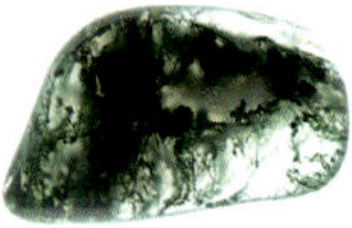

Mineralogie: Chalcedon mit grünen Schlieren (trigonal, primär)
Indikationen: **(G)** Befreiung; **(S)** befreit von Schwere, Druck und Belastung; **(V)** macht bewusst, fördert Kommunikation und regen Verstand; **(K)** reinigt Gewebe, Lymphe und Atemwege, hilft bei Husten, Erkältungen und hartnäckigen Infektionen, wirkt fiebersenkend.
Lit.: 1–11 | 13 | 14 | 17 **Verfüg.:** gut ❍

Moosachat rosa (Chalcedon)

Mineralogie: Chalcedon mit braunen Einschlüssen (trigonal, primär)
Indikationen: **(G)** Verarbeiten; **(S)** hilft, Ekel, Abscheu, Groll und Streitlust zu überwinden; **(V)** löst Schuldzuweisungen und Rachegedanken auf; **(K)** regt Verdauung und Ausscheidung an, verbessert Darmtätigkeit und Darmflora, lindert Magen-Darm-Entzündungen.
Lit.: 2–6 | 8 | 9 | 11 | 14 | 17 **Verfüg.:** gering ❍

Moqui Marbles (Limonit-Kugeln)

Mineralogie: Sandgefüllte Limonit-Knollen (trigon./rhomb., sekund.)
Indikationen: **(G)** Wunscherfüllung; **(S)** aktiviert am Tag, erhöht Schlafbedürfnis in der Nacht; **(V)** bringt Wünsche und Bedürfnisse zur Geltung; **(K)** fördert Regeneration, Blutbildung, Durchblutung, aktiviert Unauskuriertes, stärkt Muskeln, Darm und Haut.
Lit.: 2 | 4–6 | 8 **Verfüg.:** gering ❍

Morganit (Beryll)

Mineralogie: Manganhaltiger Beryll (Ringsilikat, hexagonal, primär)
Indikationen: **(G)** Verantwortung; **(S)** hilft, Stress, Leistungsdruck, Selbstwichtigkeit und Fluchtgewohnheiten abzulegen; **(V)** macht rücksichtsvoll, hilft, Verantwortung zu übernehmen; **(K)** lindert Herz- und Nervenleiden, Gleichgewichtsstörungen und Impotenz.
Lit.: 1 | 2 | 4–8 | 11 | 17 | 19 **Verfüg.:** selten ❍

Muskovit (Glimmer)

Mineralogie: Heller Glimmer (Schichtsilikat, monoklin, primär/tertiär)
Indikationen: **(G)** Schutz; **(S)** hilft bei großen Problemen, Provokationen, Intrigen und Angriffen gelöst und ruhig zu sein; **(V)** hilft, Dinge klar zu sehen und trotzdem unbeeinflusst zu bleiben; **(K)** hilft bei Magen-, Gallen- und Nierenbeschwerden, Zittern und Nervosität.
Lit.: 2 | 4–6 | 8 **Verfüg.:** gut ❍

Natrolith

Mineralogie: Faserzeolith (Gerüstsilikat, rhomb., alle Bildungsber.)
Indikationen: **(G)** Ganzheit, Identität; **(S)** hilft, der eigenen inneren Stimme zu vertrauen; **(V)** fördert ganzheitliche Wahrnehmungen und Betrachtungen; **(K)** reguliert Nieren, Schilddrüse und Hormonsystem, stärkt Darm, Bindegewebe, Muskeln und Haut.
Lit.: 2 | 4–6 **Verfüg.:** selten ❍

Nephrit, »Jade« (Aktinolith)

Mineralogie: Verfilzter Aktinolith (Kettensilikat, monoklin, tertiär)
Indikationen: **(G)** Balance; **(S)** schützt gegen äußeren Druck und Aggressivität, bringt innere Balance; **(V)** hilft bei Unentschlossenheit, Zweifel und sinnlosem Grübeln; **(K)** stärkt die Nieren, reguliert den Wasserhaushalt, hilft bei Harnwegs- und Blasenbeschwerden.
Lit.: 1–6 | 8 | 11–14 | 17 | 19 **Verfüg.:** gut ❍

Nickelin (Rotnickelkies)

Mineralogie: Nickelarsenid (trigonal, primär)
Indikationen: **(G)** Mäßigung, Umsicht; **(S)** hilft bei exzessivem, selbstzerstörerischem Lebenswandel; **(V)** verbessert die Rücksichtnahme auf andere; **(K)** hilft bei Knoten im Gewebe und Ausschlägen. **Vorsicht:** Sehr giftig! Hautkontakt und innere Einnahme vermeiden!
Lit.: 4 | 8 **Verfüg.:** selten ❍

Nickelquarz

Mineralogie: Nickelhaltiger derber Quarz (trigonal, primär)
Indikationen: **(G)** Offenbarung, Bekenntnis; **(S)** erleichtert, Missstimmungen, Ärger und Verdruss zum Ausdruck zu bringen; **(V)** hilft, Missverständnisse aufzuklären und zu Fehlern zu stehen; **(K)** fördert die Entgiftung, hilft bei Schwindel und Gleichgewichtsstörungen.
Lit.: 4 **Verfüg.:** selten ❍

Nuummit

Mineralogie: Anthophyllit-Gedrit-Schiefer (Amphibole, rhomb., tertiär)
Indikationen: **(G)** Ehre, Respekt; **(S)** vermindert Anspannung und Stress, fördert tiefen Schlaf; **(V)** hilft, sich selbst und andere zu respektieren und vereinbarte Verpflichtungen zu erfüllen; **(K)** hilft bei Nervenleiden sowie Beschwerden der Nieren und Ohren.
Lit.: 4–6 **Verfüg.:** Rarität ❍

Obsidian

Mineralogie: Vulkanisches Glas (Siliciumdioxid, amorph, primär)
Indikationen: **(G)** Auflösung; **(S)** löst Schock, Traumas und Blockaden; **(V)** hilft, die eigenen Schattenseiten zu integrieren, aktiviert brachliegende Fähigkeiten; **(K)** löst Schmerzen, Verspannungen und Gefäßverengungen auf, fördert Durchblutung und Wundheilung.
Lit.: 1–11 | 13 | 14 | 17 | 19 **Verfüg.:** sehr gut ❍

Obsidian »Goldobsidian«

Mineralogie: Goldschillerndes vulkanisches Glas (amorph, primär)
Indikationen: **(G)** Heilung; **(S)** hilft, die Folgen seelischer Verletzungen zu überwinden; **(V)** ermöglicht, tief verwurzelten Pessimismus aufzulösen; **(K)** beschleunigt die Heilung von Verletzungen, Wunden, Zerrungen, Prellungen und Verstauchungen.
Lit.: 2 | 4–6 | 8 | 11 | 13 | 14 | 17 | 19 **Verfüg.:** selten ❍

Obsidian »Lamellenobsidian«

Mineralogie: Obsidian mit hellen u. dunklen Lagen (amorph, primär)
Indikationen: **(G)** Neue Blickwinkel; **(S)** baut starke Anspannung ab und hilft, sich von Belastungen und schmerzhaften Erinnerungen zu lösen; **(V)** ermöglicht, neue Perspektiven zu entwickeln; **(K)** lindert Schmerzen aller Art, hilft bei Schock und fördert die Durchblutung.
Lit.: 4 **Verfüg.:** selten ❍

Obsidian »Mahagoni-Obsidian«

Mineralogie: Braunschwarzes vulkanisches Glas (amorph, primär)
Indikationen: **(G)** Antrieb; **(S)** bringt Power, Initiative und neuen Antrieb; **(V)** löst Betroffenheit durch Beleidigungen, Abwertungen und falsche Vorwürfe auf; **(K)** verbessert Durchblutung und Erwärmung der Glieder, hilft Blutungen zu stillen und fördert die Wundheilung.
Lit.: 1 | 2 | 4–8 | 11 | 13 | 14 | 17 **Verfüg.:** gut ❍

Obsidian »Rauchobsidian«, »Apachenträne«

Mineralogie: Transparentes vulkanisches Glas (amorph, primär)
Indikationen: **(G)** Schmerzlinderung; **(S)** löst seelischen Schmerz auf und hilft bei Ängsten, Panik und Schock; **(V)** hilft, Unglücks-Konzepte loszulassen; **(K)** lindert Verstauchung, Verspannungen, Rückenbeschwerden sowie generell lokale, punktuelle Schmerzen.
Lit.: 1–6 | 8 | 9 | 11 | 13 | 14 | 17 | 19 **Verfüg.**: gut ❍

Obsidian »Regenbogen-Obsidian«

Mineralogie: Buntschillerndes vulkanisches Glas (amorph, primär)
Indikationen: **(G)** Hellsichtigkeit; **(S)**, gibt der Empfindungswelt ungeahnte Tiefe, schützt und stärkt zugleich; **(V)** macht offen, intensiviert die Wahrnehmung und fördert die hellen Sinne; **(K)** verbessert die Durchblutung, lindert Schmerzen, hilft bei Sehschwäche.
Lit.: 1–6 | 8 | 9 | 11 | 13 | 14 | 17 | 19 **Verfüg.**: gering ❍

Obsidian »Schneeflocken-Obsidian«

Mineralogie: Obsidian mit Cristobalit (amorph/tetragonal, primär)
Indikationen: **(G)** Aufbruch; **(S)** löst Ängste und seelische Blockaden auf; **(V)** motiviert, Ideen spontan umzusetzen; **(K)** verbessert die Durchblutung auch bei extremer Unterversorgung (Raucherbein), bringt warme Hände und Füße, fördert die Wundheilung.
Lit.: 1–11 | 13 | 14 | 17 | 19 **Verfüg.**: sehr gut ❍

Obsidian »Silberobsidian«

Mineralogie: Silberschillerndes vulkanisches Glas (amorph, primär)
Indikationen: **(G)** Bewusstsein; **(S)** bringt verdrängte Bewusstseinsinhalte ans Licht, hilft, geistige Angriffe abzuwehren; **(V)** verbessert die Wahrnehmung, schärft Sinne und Verstand; **(K)** löst Schock auf der Zellebene auf und bringt blockierte Heilungsprozesse in Gang.
Lit.: 1 | 2 | 4–6 | 8 | 9 | 11 | 13 | 14 | 17 **Verfüg.**: selten ❍

Olivin (Peridot, Chrysolith)

Mineralogie: Magnesium-Eisen-Inselsilikat (rhombisch, primär)
Indikationen: **(G)** Unabhängigkeit; **(S)** löst Ärger, Wut und Schuldgefühle auf; **(V)** hilft, Fremdbestimmung aufzulösen sowie Fehler einzugestehen und in Ordnung zu bringen; **(K)** stärkt Leber, Galle und Dünndarm, entgiftet und hilft bei Infektionen, Pilzen und Warzen.
Lit.: 1 – 6 | 8–11 | 13 | 14 | 16 **Verfüg.**: gut ❍

Onkolith (Leopardita)

Mineralogie: Kalkiges Sediment mit Onkoiden (trigonal, sekundär)
Indikationen: **(G)** Verbindung, Gemeinsamkeit; **(S)** hilft, sich emotional einzubringen und in soziale Gefüge zu integrieren; **(V)** regt an, die eigenen Gaben zu teilen; **(K)** fördert die Nährstoffaufnahme und Ausscheidung, stärkt Magen, Darm, Bindegewebe und Knochen.
Lit.: 4 **Verfüg.:** selten ❍

Onyx (Chalcedon)

Mineralogie: Schwarzer Chalcedon (trigonal, primär/sekundär)
Indikationen: **(G)** Durchsetzung; **(S)** stärkt Selbstbewusstsein und Verantwortungsgefühl; **(V)** verbessert nüchternes Denken, Logik, Kontrolle und Argumentationskraft; **(K)** schärft den Gehörsinn, hilft bei Innenohr-Erkrankungen und verbessert die Nervenfunktion.
Lit.: 1 | 2 | 4–8 | 14 | 19 **Verfüg.:** gering ❍

Onyx-Marmor (Aragonit-Calcit)

Mineralogie: Aragonit-Calcit, gebändert (rhombisch, sekundär)
Indikationen: **(G)** Rhythmische Entwicklung, Entlastung; **(S)** macht gelöster, freier und empfindsamer; **(V)** macht flexibel, bringt Ruhe und Aktivität in ausgewogenen Wechsel; **(K)** hilft bei Beschwerden von Leber, Galle, Bandscheiben, Gelenken und Meniskus.
Lit.: 2 | 4–6 | 8 | 9 | 11 | 17 | 19 **Verfüg.:** sehr gut ❍

Oolith (Eisenoolith)

Mineralogie: Eisenoxide in Sandstein (rhomb./trigonal, sekundär)
Indikationen: **(G)** Gesundheitsbewusstsein; **(S)** bremst auszehrende Arbeitswut, fördert Erholung; **(V)** lenkt die Aufmerksamkeit auf Gesundheit und Fitness; **(K)** fördert die Durchblutung und Nährstoffversorgung des Gewebes, stärkt Nerven, Muskeln, Darm und Haut.
Lit.: 2 | 4 | 6 **Verfüg.:** gering ❍

Opal »Andenopal farblos«

Mineralogie: Farbloser gewöhnlicher Opal (amorph, primär)
Indikationen: **(G)** Bewegung im Leben; **(S)** macht flexibel und hilft, sich auf verändernde Situationen einzustellen; **(V)** bringt Denken, Reden und Handeln in Fluss; **(K)** fördert die Reinigung der Haut und Atemwege, regt Lymphfluss und Ausscheidung an.
Lit.: 1 | 2 | 4–6 | 14 | 17 **Verfüg.:** gering ❍

Opal »Andenopal grün«, »Chrysopal«

Mineralogie: Kupferhaltiger gewöhnlicher Opal (amorph, primär)

Indikationen: (G) Natürlichkeit; **(S)** befreit die Gefühle, löst Beklemmungen, wirkt stimmungsaufhellend; **(V)** hilft, die Welt mit staunenden Augen zu betrachten und das Wunder des Lebens zu erkennen; **(K)** entgiftend, fiebersenkend, stärkt Leber und Nieren.

Lit.: 1 | 2 | 4–6 | 8 | 14 | 17 **Verfüg.:** gering ❍

Opal »Andenopal rosa«, »Pinkopal«

Mineralogie: Manganhaltiger gewöhnlicher Opal (amorph, primär)

Indikationen: (G) Herzlichkeit; **(S)** löst Hemmungen, Scham und Schüchternheit auf, fördert Empfindungsfähigkeit und Zuneigung; **(V)** macht im Denken und Handeln freundlich und aufgeschlossen; **(K)** hilft bei Herzbeschwerden, vor allem durch Sorgen ums Herz.

Lit.: 1 | 2 | 4–6 | 8 | 11 | 14 | 17 **Verfüg.:** gering ❍

Opal blau

Mineralogie: Blauer gewöhnlicher Opal (amorph, primär/sekundär)

Indikationen: (G) Gutes Gespür; **(S)** fördert das Einfühlungsvermögen; **(V)** verbessert die Kommunikation, hilft, andere zu verstehen und sich selbst verständlich mitzuteilen; **(K)** wirkt blutdruck- und fiebersenkend, regt Wasserhaushalt, Lymphe und Nieren an.

Lit.: 2 | 4–6 | 8 **Verfüg.:** selten ❍

Opal »Boulderopal« (Edelopal)

Mineralogie: Edelopaladern in Muttergestein (Opal: amorph, sek.)

Indikationen: (G) Humor; **(S)** macht extrovertiert und hilft, andere mit der eigenen Freude anzustecken; **(V)** ermöglicht, widrige Umstände guten Mutes zu überstehen; **(K)** regt Lymphe, Nieren und Darm an und verbessert die Nährstoffversorgung der Zellen.

Lit.: 1–9 | 12 | 17 **Verfüg.:** gering ❍

Opal »Dendritenopal«

Mineralogie: Gewöhnl. Opal mit Dendriten (amorph, prim./sekund.)

Indikationen: (G) Kontakt; **(S)** hilft, trotz schlechten Erfahrungen offen und zugänglich zu bleiben; **(V)** verbessert den Kontakt zu Umwelt und Mitmenschen; **(K)** entschlackt, fördert Lymphfluss und Ausscheidung, hilft bei Erkältungen und Folgen des Rauchens.

Lit.: 2 | 4 | 6 | 8 **Verfüg.:** gering ❍

Opal grün

Mineralogie: Opal-Nontronit-Gemenge (amorph/monoklin, primär)
Indikationen: **(G)** Lebensperspektiven; **(S)** bringt bei Erschöpfung rasche Erholung; **(V)** hilft bei Orientierungslosigkeit und lenkt die Aufmerksamkeit auf erfüllende Lebensinhalte; **(K)** fördert die Regeneration, stärkt Leber, Nieren und Keimdrüsen (Eierstöcke, Hoden).
Lit.: 1 | 2 | 4–6 **Verfüg.:** selten ❍

Opal »Honduras-Opal« (Edelopal)

Mineralogie: Ignimbrit mit Edelopal (Opal: amorph, primär)
Indikationen: **(G)** Hoffnung; **(S)** bringt Freude in dunklen Zeiten und hilft, Krisen zu überwinden; **(V)** ermöglicht, sich an den Lichtblicken des Lebens zu orientieren; **(K)** regt die Reinigung und Ausscheidung an, stärkt Nerven und Regeneration, hilft bei Herzbeschwerden.
Lit.: 4–6 | 12 **Verfüg.:** gering ❍

Opal-Katzenauge

Mineralogie: Gewöhnlicher Opal mit Lichtschimmer (amorph, prim.)
Indikationen: **(G)** Erfassen können; **(S)** muntert bei Niedergeschlagenheit auf, bringt Hoffnung und Zuversicht; **(V)** lässt neue Betrachtungen zu und hebt dabei positive Aspekte hervor; **(K)** regt Nerven, Gehirn und Sinnesorgane an, verbessert den Tastsinn.
Lit.: 2 | 4–6 **Verfüg.:** Rarität ❍

Opal »Kristallopal« (Edelopal)

Mineralogie: Klarer, sehr bunter Edelopal (amorph, prim./sekundär)
Indikationen: **(G)** Ausgelassenheit; **(S)** bringt Freude, Überschwang und tiefes Glücksgefühl; **(V)** inspiriert Phantasie, Kunst und Poesie, macht geistreich und kreativ; **(K)** verbessert die Selbstregulation des gesamten Organismus, hält gesund und unterstützt jede Heilung.
Lit.: 2–9 | 12–14 | 19 **Verfüg.:** Rarität ❍

Opal »Leopardenopal« (Edelopal)

Mineralogie: Edelopalbläschen in Basaltgestein (amorph, primär)
Indikationen: **(G)** Vergnügen; **(S)** intensiviert alles Erleben, vertieft die Gefühle, bringt Trost bei Ängsten und Trauer; **(V)** hilft, geistig in der Gegenwart zu sein; **(K)** fördert Wachstum, Nährstoffversorgung und Stoffwechselregulierung der Zellen und Gewebe.
Lit.: 2 | 4 | 6 | 8 **Verfüg.:** selten ❍

Opal »Matrixopal« (Edelopal)
Mineralogie: Edelopal in Muttergestein (Opal: amorph, sekundär)
Indikationen: **(G)** Hier und Jetzt; **(S)** bringt Freude, Glück und Frieden, hilft bei Stress und Ängsten, belebt die Träume; **(V)** fördert Wahrnehmung, Auffassungsgabe und Gedächtnis; **(K)** stärkt die Verdauung und fördert die Entgiftung und Ausscheidung.
Lit.: 1–7 **Verfüg.:** selten ❍

Opal »Milchopal«
Mineralogie: Weißer gewöhnlicher Opal (amorph, primär/sekundär)
Indikationen: **(G)** Aufgeschlossenheit; **(S)** macht offen und entgegenkommend, hilft, sich und andere zu akzeptieren; **(V)** fördert Kommunikation, Austausch und Gemeinschaft; **(K)** regt Lymphfluss, Nieren, Blase und die Regulation des Wasserhaushalts an.
Lit.: 2 | 4–6 | 8 | 14 **Verfüg.:** gering ❍

Opal »Moosopal«
Mineralogie: Gewöhnl. Opal mit Einschlüssen (amorph, prim./sek.)
Indikationen: **(G)** Beteiligung; **(S)** hilft, sich in Beziehungen und Gruppen einzubringen; **(V)** ermöglicht, anderen unvoreingenommen zu begegnen; **(K)** reinigt Lymphe und Atemwege, hilft bei Husten und Erkältungen, fördert Entschlackung, Verdauung und Ausscheidung.
Lit.: 2 | 4 | 6 | 8 **Verfüg.:** selten ❍

Opal »Pistazienopal«
Mineralogie: Hellgrüner gewöhnlicher Opal (amorph, primär)
Indikationen: **(G)** Glück, Freude; **(S)** unterstützt darin, glücklich zu sein und das Leben zu genießen; **(V)** macht gesellig, redefreudig und erleichtert den Austausch von Gedanken und Gefühlen; **(K)** fördert die Beweglichkeit, gut für Leber und Galle, hilft bei Migräne.
Lit.: 4 **Verfüg.:** selten ❍

Opal »Prasopal«
Mineralogie: Nickelhaltiger gewöhnlicher Opal (amorph, sekundär)
Indikationen: **(G)** Zwanglosigkeit; **(S)** befreit von Angst, Unsicherheit und Schuldgefühlen; **(V)** hilft, sich Lasten von der Seele zu reden; **(K)** fördert die Entgiftung und Reinigung der Körperflüssigkeiten, stärkt Leber und Nieren, hilft bei Rheuma und Gicht.
Lit.: 2 | 4–6 **Verfüg.:** selten ❍

Opal schwarz, »Black Opal« (Edelopal)
Mineralogie: Schwarzer, bunter Edelopal (amorph, prim./sekundär)
Indikationen: **(G)** Lebenswille; **(S)** fördert das Ja zum Leben, hilft bei Kummer und Depression; **(V)** hilft, Schwierigkeiten leicht zu nehmen; **(K)** regt intensive Reinigungsprozesse an, fördert Entschlackung, Ausscheidung und wirkt aufbauend nach Erkrankungen.
Lit.: 1–7 | 19 **Verfüg.:** Rarität ❍

Opal »Veta Opal« (Edelopal)
Mineralogie: Helle Edelopal-Lagen in dunkler Matrix (amorph, primär)
Indikationen: **(G)** Erfüllung; **(S)** hilft, an sich selbst zu glauben und sich ein schönes Leben zu gestatten; **(V)** inspiriert, das Unmögliche zu wagen – und tatsächlich zu realisieren; **(K)** entschlackt, verbessert den Lymphfluss, stärkt das Immunsystem, hilft bei Infektionen.
Lit.: 4 | 5 **Verfüg.:** selten ❍

Opal »Wasseropal«, »Hyalith«
Mineralogie: Wasserklarer gewöhnlicher Opal (amorph, primär)
Indikationen: **(G)** Instinkt; **(S)** bringt Klarheit in die Gefühlswelt, führt zur rechten Zeit zum rechten Ort; **(V)** hilft, innere Bedürfnisse zu erkennen und auszudrücken; **(K)** regt den Wasserhaushalt an und stärkt Augen, Ohren, Geruchs- und Geschmackssinn.
Lit.: 2 | 4–6 | 8 **Verfüg.:** Rarität ❍

Opal weiß, »Light Opal« (Edelopal)
Mineralogie: Heller, bunter Edelopal (amorph, primär/sekundär)
Indikationen: **(G)** Lebensfreude; **(S)** läßt die schönen Seiten des Lebens genießen, fördert Sinnlichkeit und Erotik; **(V)** weckt Begeisterung, Ideenfülle und Kreativität; **(K)** mobilisiert die Lymphe, entschlackt und hilft bei Husten und Atemwegserkrankungen.
Lit.: 1–9 | 12–14 | 17 | 19 **Verfüg.:** gering ❍

Opal »Yowah-Nuss« (Edelopal)
Mineralogie: Filigraner Boulderopal (Opal: amorph, sekundär)
Indikationen: **(G)** Lebenstraum; **(S)** fördert ein liebevolles Gefühl für den Körper und das Erdendasein, regt Tag- und Nachtträume an; **(V)** stärkt Phantasie und Vorstellungskraft; **(K)** fördert Immunsystem und Selbstheilkräfte, hilft bei sehr schweren Erkrankungen.
Lit.: 2–5 **Verfüg.:** selten ❍

Opalith

Mineralogie: Opalhaltiges Gestein (Opal: amorph, sekundär)
Indikationen: **(G)** Geselligkeit; **(S)** hilft, Berührungsängste abzubauen und sich in Gemeinschaften einzubringen; **(V)** für guten Kontakt zu Umwelt und Mitmenschen; **(K)** fördert Entschlackung, Entgiftung und Ausscheidung, reinigt Bindegewebe, Darm und Schleimhäute.
Lit.: 2 | 4–6 | 8 | 11 | 14 **Verfüg.:** gering ❍

Ophicalcit (Connemara)

Mineralogie: Gestein mit Calcit, Serpentin u. a. (trig./mono., tertiär)
Indikationen: **(G)** Labsal, Trost; **(S)** hilft, Zuversicht in unglücklichen Umständen zu entwickeln sowie Trauer und Resignation zu überwinden; **(V)** hilft, ruhig und konstruktiv zu denken; **(K)** hilft bei Herz-, Nieren-, Dickdarm-, Leber- und Gallenbeschwerden.
Lit.: 2 | 4 **Verfüg.:** selten ❍

Orthoklas braun (Feldspat)

Mineralogie: Brauner Kalium-Feldspat (Gerüstsilikat, monokl., prim.)
Indikationen: **(G)** Empfindung; **(S)** verbessert die Selbstwahrnehmung, hilft bei Versagensängsten; **(V)** fördert Takt und Anstand sowie die Beachtung gesellschaftlicher Regeln; **(K)** hilft bei Verdauungsstörungen und stärkt das Funktionsgewebe vieler Organe.
Lit.: 2 | 4–6 | 8 | 19 **Verfüg.:** gering ❍

Orthoklas »Goldorthoklas« (Feldspat)

Mineralogie: Goldgelber Kalium-Feldspat (monoklin, primär)
Indikationen: **(G)** Wahrnehmung; **(S)** macht optimistisch, beschwingt und lebensfroh; **(V)** lindert Sorgen, Zweifel und Misstrauen, verfeinert die Wahrnehmung; **(K)** hilft bei Magenleiden, Herzbeschwerden, Enge in der Brust, Unruhe und Schlaflosigkeit.
Lit.: 2 | 4–6 | 8 | 14 | 19 **Verfüg.:** gering ❍

Orthoklas weiß (Feldspat)

Mineralogie: Kalium-Feldspat (Gerüstsilikat, monoklin, primär)
Indikationen: **(G)** Klarsicht; **(S)** fördert das Feingefühl und hilft, Selbstbezogenheit zu überwinden; **(V)** fördert Denkvermögen, Logik und Urteilskraft, erweitert die Wahrnehmung; **(K)** fördert die Zirbeldrüse, harmonisiert Hormone und Nerven, schärft die Sinne.
Lit.: 2 | 4–6 | 8 | 19 **Verfüg.:** gering ❍

Ozeanchalcedon (Ozeanachat, Ozeanjaspis) (Chalcedon)

Mineralogie: Sphärolithischer Chalcedon (Quarz, trigonal, primär)
Indikationen: **(G)** Erneuerung; **(S)** macht positiv, belastbar, gelassen, für erholsamen Schlaf; **(V)** hilft, Konflikte zu lösen; **(K)** fördert Verdauung, Wärme, Entgiftung, Regeneration, Zellerneuerung, Immunsystem und Haut, hilft bei Erkältungen, Zysten und Tumoren.
Lit.: 3–6 | 8–11 | 13 | 14 | 17 **Verfüg.:** gering ❍

Pallasit

Mineralogie: Eisenmeteorit m. Olivin (kubisch/rhomb., interplanetar)
Indikationen: **(G)** Urgrund, Motivation; **(S)** befreit von Abhängigkeit und Gebundenheit; **(V)** regt an, die eigenen Innenwelten zu erkunden sowie Herkunft, Sinn und Notwendigkeit eigener Anliegen zu prüfen; **(K)** entgiftet und stärkt Leber, Galle, Darm und Muskeln.
Lit.: 2 | 4–6 | 8 **Verfüg.:** Rarität ❍

Perle

Mineralogie: Schalig-radialstrahliger Aragonit (rhombisch, sekundär)
Indikationen: **(G)** Gefühlstiefe; **(S)** hilft, Trauer, Verlust und Schmerz zu wandeln; **(V)** unterstützt darin, unverarbeitete Konflikte zu lösen; **(K)** reguliert den Flüssigkeits- und Hormonhaushalt, gut für Augen, Ohren, Kiefergelenke und Zähne, hilft bei Migräne.
Lit.: 2 | 4–6 | 8 | 16 **Verfüg.:** sehr gut ❍

Petalit

Mineralogie: Lithium-Aluminium-Schichtsilikat (monoklin, primär)
Indikationen: **(G)** Selbsterkenntnis, Identitätssuche; **(S)** hilft, verhärtete Gefühle zu lösen und Schwieriges anzupacken statt zu flüchten; **(V)** macht ehrlich und hilft, harte Erkenntnisse zu bewältigen; **(K)** lindert starke Schmerzen, hilft bei Herz-, Nerven- und Augenleiden.
Lit.: 2 | 4–6 | 8 **Verfüg.:** selten ❍

Petalit rosa

Mineralogie: Rosa Lithium-Aluminium-Schichtsilikat (mono., primär)
Indikationen: **(G)** Selbstannahme, Erinnerung; **(S)** erleichtert die Vergangenheitsbewältigung und hilft, Beziehungen zu verbessern; **(V)** bringt Anerkennung durch Einsatz und Engagement; **(K)** lindert starke Schmerzen, hilft bei Herz-, Nerven- und Augenleiden.
Lit.: 2 | 4–6 | 8 **Verfüg.:** selten ❍

Phlogopit (Glimmer)

Mineralogie: Magnesium-Glimmer (Schichtsilikat, monoklin, tertiär)
Indikationen: **(G)** Hingabe, Bescheidenheit, Schutz; **(S)** hilft, Unschuld und Vertrauen zu bewahren; **(V)** reduziert überhöhte Ansprüche; **(K)** lindert Reiseübelkeit und Beschwerden durch innere Spannung, entspannt die Muskulatur, erleichtert Geburten.
Lit.: 2 | 4–6 | 8 **Verfüg.:** selten ❍

Picasso-Marmor (Kalkstein)

Mineralogie: Kalkgestein (Calciumcarbonat, trigonal, sekundär)
Indikationen: **(G)** Abstraktion, Essenz ziehen; **(S)** hilft, sich selber treu zu bleiben; **(V)** hilft, das Wesentliche zu erkennen und Ideen beharrlich in die Tat umzusetzen; **(K)** fördert den Calcium-Stoffwechsel, stärkt Dickdarm, Bindegewebe und Knochen.
Lit.: 2 | 4 | 16 **Verfüg.:** gut ❍

Piemontit

Mineralogie: Mangan-Epidot (Gruppensilikat, monoklin, tertiär)
Indikationen: **(G)** Lust, Sinnlichkeit; **(S)** vermittelt ein natürliches Verhältnis zur Sexualität, ermöglicht Nähe und innige Verbindung; **(V)** regt an, aus jeder Situation das Beste zu machen; **(K)** fördert Herz, Leber, Nieren und Fruchtbarkeit, stärkt die Geschlechtsorgane.
Lit.: 2 | 4 **Verfüg.:** selten ❍

Piemontit-Quarz

Mineralogie: Mangan-Epidot in Quarzit (monoklin/trigonal, tertiär)
Indikationen: **(G)** Mut, Zutrauen; **(S)** hilft, auf andere zuzugehen, peinliche Erlebnisse zu verarbeiten, regt zu kreativer Sexualität an; **(V)** hilft, die eigenen Bedürfnisse mitzuteilen; **(K)** fördert Herz, Leber, Dünndarm, Nieren und Regeneration, stärkt die Geschlechtsorgane.
Lit.: 2 | 4 **Verfüg.:** gut ❍

Pietersit

Mineralogie: Tigerauge-Falkenauge-Brekzie (trigonal, sekundär)
Indikationen: **(G)** Veränderung; **(S)** hilft in stürmischen Zeiten, löst unangenehme Gefühle auf; **(V)** hilft, Eindrücke schneller zu verarbeiten und Konflikte zu bewältigen; **(K)** lindert Kopfschmerzen, Nervenleiden, Atembeschwerden, Magendruck und Schwindelgefühl.
Lit.: 1 | 2 | 4–6 | 8 **Verfüg.:** gering ❍

Plasma (Chalcedon)

Mineralogie: Grüner Chalcedon (Quarz, trigonal, primär/sekundär)
Indikationen: **(G)** Beruhigung; **(S)** hilft bei Gereiztheit und Aggressivität, fördert die Belastbarkeit; **(V)** wirkt ausgleichend bei flatterhaftem, unruhigen Denken und Tun; **(K)** fördert die Immunabwehr und die Regenerationsfähigkeit, lindert Entzündungen.
Lit.: 2 | 4–6 | 8 **Verfüg.:** selten ❍

Pop-Rocks (Boji's, Kugelpyrit)

Mineralogie: Pyritknolle in Limonitmantel (kubisch/rhomb., sekund.)
Indikationen: **(G)** Energiefluss; **(S)** verstärken Emotionen und Stimmungen; **(V)** helfen, einschränkende Muster zu erkennen; **(K)** dienen zur Gesundheitsvorsorge, lösen leichte Blockaden schmerzfrei auf, machen stärkere bewusst; fördern Reinigung und Ausscheidung.
Lit.: 1 | 2 | 4–6 | 8 **Verfüg.:** gering ❍

Porphyrit »Blüten-Porphyr«

Mineralogie: Feldspat in Andesit-Matrix (Feldspat: triklin, primär)
Indikationen: **(G)** Bedachtheit; **(S)** macht bei Neuanfängen geduldig und beständig; **(V)** lässt Ideen lange reifen, bevor sie umgesetzt werden, regt an, auf »Nummer sicher« zu gehen; **(K)** beruhigt und stärkt die Nerven, fördert die Sinne, hält die Muskeln beweglich.
Lit.: 1 | 2 | 4–6 | 8 **Verfüg.:** gering ❍

Porphyrit mit Epidot »Blüten-Porphyr«

Mineralogie: Epidot in Andesit-Matrix (Epidot: monoklin, tertiär)
Indikationen: **(G)** Behutsamkeit; **(S)** bringt ruhige und besonnene Aktivität, hilft bei Unruhe durch Reizüberflutung; **(V)** hilft abzuwarten und die richtige Gelegenheit zur Umsetzung von Ideen und Projekten zu ergreifen; **(K)** fördert die Regeneration, stärkt Nerven und Sinne.
Lit.: 1 | 2 | 4–6 | 8 **Verfüg.:** gering ❍

Porcellanit »Augenporcellanit«

Mineralogie: Metamorpher Ton (Schichtsilik., monokl./triklin, tertiär)
Indikationen: **(G)** Unterscheidungsfähigkeit; **(S)** hilft, Gefühle besser wahrzunehmen; **(V)** verbessert die Fähigkeit, Sinn, Wert und Wichtigkeit zu unterscheiden; **(K)** hilft bei Akne, allergischen Hautausschlägen, Übersäuerung und chronischer Müdigkeit.
Lit.: 2 | 4 | 6 | 8 **Verfüg.:** selten ❍

Porcellanit »Landschaftsporcellanit«

Mineralogie: Metamorpher Ton (Schichtsilik., monokl./triklin, tertiär)
Indikationen: **(G)** Umsetzungsfähigkeit; **(S)** hilft, Gefühle auszudrücken; **(V)** fördert Kreativität und Umsetzungsvermögen; **(K)** hilft bei Übersäuerung, reinigt Bindegewebe, Haut, Darm und Atemwege, fördert die Ausscheidung und belebt bei chronischer Müdigkeit.
Lit.: 2 | 4 | 6 | 8 **Verfüg.:** selten ❍

Prasem (Quarz)

Mineralogie: Kristallquarz mit Silikateinschlüssen (trigonal, tertiär)
Indikationen: **(G)** Sanftmut; **(S)** kühlt hitzige Gemüter, erleichtert, Konflikte zu lösen; **(V)** hilft nachtragenden Menschen, Vergangenes loszulassen; **(K)** wirkt schmerzlindernd, fiebersenkend, lässt Schwellungen und Prellungen abklingen, hilft bei Blasenbeschwerden.
Lit.: 1–6 | 8 | 13 | 14 | 16 | 17 **Verfüg.:** selten ❍

Prasiolith-Amethyst (Sambesit)

Mineralogie: Violett-grüner Kristallquarz (Quarz, trigonal, primär)
Indikationen: **(G)** Authentizität, Durchsetzungskraft; **(S)** hilft, zu den eigenen Gefühlen zu stehen; **(V)** regt an, die eigene Überzeugung entschlossen zu vertreten; **(K)** reguliert Atem, Herz und Kreislauf, gut für Haare und Nägel, löst Verspannungen, stärkt die Ausscheidung.
Lit.: 2 | 4 | 6 | 19 **Verfüg.:** Rarität ❍

Prehnit gelb

Mineralogie: Calcium-Aluminium-Gruppensilikat (rhomb., prim./tert.)
Indikationen: **(G)** Respekt; **(S)** fördert Achtung gegenüber anderen, hilft, Anerkennung einzufordern; **(V)** löst Verdrängungs- und Vermeidungsmechanismen auf; **(K)** fördert die Entgiftung fettlöslicher Stoffe, regt den Fettstoffwechsel an und hilft bei Übergewicht.
Lit.: 2 | 4–6 | 8 | 9 | 14 **Verfüg.:** gering ❍

Prehnit grün

Mineralogie: Calcium-Aluminium-Gruppensilikat (rhomb., prim./tert.)
Indikationen: **(G)** Akzeptanz; **(S)** erleichtert, sich selbst und andere zu akzeptieren; **(V)** hilft, unangenehme Wahrheiten anzunehmen und fördert die Aufnahmefähigkeit; **(K)** fördert die Entgiftung fettlöslicher Stoffe, regt Fettstoffwechsel und Erneuerungsprozesse an.
Lit.: 1 | 2 | 4–6 | 8 | 9 | 14 **Verfüg.:** gering ❍

Printstone (Tonsandstein)

Mineralogie: Quarzreicher Tonstein (trig./mono./trikl., sekundär)

Indikationen: **(G)** Wohlbefinden; **(S)** verhilft zu gutem Schlaf, Erholung und innerem sinnlich-freudigem »Urlaubsgefühl«; **(V)** verbessert das Bewusstsein für den Körper; **(K)** fördert auf sanfte Weise Kreislauf, Atmung, Verdauung und Ausscheidung.

Lit.: 2 | 4 **Verfüg.:** gering ❍

Psilomelan (Braunstein)

Mineralogie: Manganoxid (rhombisch, primär/sekundär)

Indikationen: **(G)** Langsamkeit; **(S)** hilft, negative Erfahrungen zu verarbeiten; **(V)** bremst übereilte Vorgänge und lehrt, Kräfte und Ressourcen zu sparen; **(K)** stärkt bei auszehrenden Belastungen, regt den Darm an, stabilisiert den Kreislauf und schützt das Herz.

Lit.: 2 | 4–6 | 8 **Verfüg.:** gering ❍

Purpurit

Mineralogie: Mangan-Eisen-Phosphat (rhombisch, sekundär)

Indikationen: **(G)** Inspiration; **(S)** hilft bei Müdigkeit, Erschöpfung und Niedergeschlagenheit; **(V)** verbessert Wachheit, Bewusstheit, Konzentrations- und Aufnahmefähigkeit; **(K)** bringt Energie, hilft bei Herzschwäche und Funktionsstörungen der Sinnesorgane.

Lit.: 2 | 4–6 | 8 | 9 **Verfüg.:** selten ❍

Pyrit (Grüppchen)

Mineralogie: Messingfarbig. Eisensulfid (kubisch, alle Bildungsber.)

Indikationen: **(G)** Selbsterkenntnis; **(S)** deckt Heimlichkeiten und zurückgehaltene Erinnerungen auf; **(V)** macht offen, direkt und ehrlich, deckt die Ursachen bestimmter Situationen und Erkrankungen auf; **(K)** regt Leber, Darm, Entgiftung und Ausscheidung an.

Lit.: 1 | 2 | 4–6 | 8 **Verfüg.:** gut ❍

Pyrit (Sonne)

Mineralogie: Radialstrahliges Eisensulfid (kubisch, sekundär)

Indikationen: **(G)** Auflösung; **(S)** hilft, über sich selbst zu lachen; **(V)** befreit von auf Unglück, Not und Pein fixierten Gedanken; **(K)** wirkt schmerzlindernd, u.a. bei Rücken- und Gelenkbeschwerden, und krampflösend, u.a. bei Menstruationsbeschwerden.

Lit.: 1–6 | 8 | 9 **Verfüg.:** Rarität ❍

Pyrit (Würfel)

Mineralogie: Würfeliges Eisensulfid (kubisch, sekundär)
Indikationen: **(G)** Spiegel; **(S)** regt an, in Konflikten beharrlich nach einer Lösung zu suchen; **(V)** fördert die Einsicht, dass vieles, was uns bei anderen stört, auch in uns selbst vorhanden ist; **(K)** klärt verworrene Krankheitsbilder und bringt die ursächliche Symptomatik hervor.
Lit.: 1 | 2 | 4–6 | 8 **Verfüg.:** gut ❍

Pyritachat

Mineralogie: Chaldedon-Pyrit-Gemenge (trigonal/kubisch, primär)
Indikationen: **(G)** Reinigung; **(S)** hilft Schwere und Belastung zu überwinden; **(V)** regt an, sich mit Unangenehmem auseinanderzusetzen; **(K)** fördert Reinigung und Lymphfluss, regt die Leber an, verbessert die Ausscheidung und beschleunigt Heilungsprozesse.
Lit.: 2 | 4–6 | 8 **Verfüg.:** gering ❍

Pyrop (Granat)

Mineralogie: Magnesium-Aluminium-Inselsilikat (kubisch, tertiär)
Indikationen: **(G)** Krisenbewältigung, Lebensqualität; **(S)** fördert Gelassenheit, Mut und Ausdauer, baut Hemmungen ab, regt die Sexualität an; **(V)** unterstützt das Streben nach Verbesserung; **(K)** fördert Blutqualität und Durchblutung, hilft bei Blasenbeschwerden.
Lit.: 1–14 | 16 | 17 | 19 **Verfüg.:** gering ❍

Pyrophyllit

Mineralogie: Basisches Aluminium-Schichtsilikat (monoklin, tertiär)
Indikationen: **(G)** Selbstbestimmung; **(S)** hilft, sich abzugrenzen und in verwirrenden Situationen bei sich zu bleiben; **(V)** hilft, sich von übernommenen fremden Ansprüchen zu lösen; **(K)** hilft bei Übersäuerung, Magenbeschwerden und Sodbrennen.
Lit.: 4 | 8 **Verfüg.:** selten ❍

Quarz-Katzenauge (Aqualith, Schillerquarz) (Quarz)

Mineralogie: Quarz m. Hornblendefasern (trigonal/monoklin, tertiär)
Indikationen: **(G)** Einblick, Distanz; **(S)** fördert die Abgrenzung und hilft zugleich, zu große Barrieren zu überwinden; **(V)** erleichtert den Einblick in komplexe Zusammenhänge; **(K)** lindert Schmerzen, beruhigt die Nerven und hilft bei hormonellen Überfunktionen.
Lit.: 2 | 8 **Verfüg.:** gering ❍

Rauchquarz (Quarz)

Mineralogie: Brauner Kristallquarz (trigonal, primär/tertiär)
Indikationen: **(G)** Entspannung; **(S)** baut Spannungen ab und hilft bei Stress; **(V)** fördert nüchterne, realistische und pragmatische Überlegungen; **(K)** hilft bei Kopfschmerzen, Nacken- und Rückenverspannungen, lindert Schmerzen und stärkt die Nerven.
Lit.: 1–14 | 17 | 19 | 21 **Verfüg.:** gut ❍

Rauchquarz dunkel (Morion) (Quarz)

Mineralogie: Dunkler bis schwarzer Rauchquarz (trigon., prim./tert.)
Indikationen: **(G)** Belastbarkeit; **(S)** hilft, Anstrengung und Stress besser ertragen zu können; **(V)** macht rege und arbeitsam, hilft, notwendige Dinge mit Nachdruck anzupacken; **(K)** wirkt schmerzlindernd und hilft bei häufigen Strahlenbelastungen (z. B. Röntgen).
Lit.: 1–10 | 12–14 | 17 | 19 | 21 **Verfüg.:** gering ❍

Rauchquarz mit Phantom (Quarz)

Mineralogie: Rauchquarz mit sichtb. Jugendformen (trig., prim./tert.)
Indikationen: **(G)** Selbstüberwindung; **(S)** lindert die Angst vor Versagen, Niederlagen oder vor Schmerzen; **(V)** hilft, schwierige und niederdrückende Dinge zu bewältigen und daran zu wachsen; **(K)** stärkt Sinne und Nerven, hilft bei Schmerzen und Verspannungen.
Lit.: 1 | 2 | 4–6 | 21 **Verfüg.:** selten ❍

Realgar

Mineralogie: Rotes Arsensulfid (monoklin, alle Bildungsbereiche)
Indikationen: **(G)** Leidenschaft, Rausch; **(S)** regt an, sich in intensive Erfahrungen zu stürzen, und hilft, sich davon wieder zu erholen; **(V)** bringt geistig ins Hier und Jetzt; **(K)** belebt den gesamten Organismus, wirkt immunstärkend, hilft bei auszehrender Schwäche.
Lit.: 2 | 4–6 | 8 **Verfüg.:** selten ❍

Regenbogen-Basalt (Basalt)

Mineralogie: Basalt m. Hohlraumfüllungen (überw. mono./trikl., prim.)
Indikationen: **(G)** Veränderung; **(S)** gibt den eigenen Wünschen und Bedürfnissen mehr Raum; **(V)** regt an, einen als richtig erkannten Weg Schritt für Schritt weiterzugehen; **(K)** festigt Haut und Bindegewebe, lindert Alterungsprozesse, hilft bei Verdauungsbeschwerden.
Lit.: 4 **Verfüg.:** selten ❍

Rhodochrosit

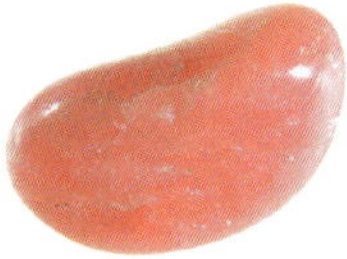

Mineralogie: Rosa bis rotes Mangancarbonat (trig., prim./sekund.)
Indikationen: **(G)** Aktivität; **(S)** macht munter und fröhlich, fördert Sexualität und Erotik; **(V)** macht dynamisch, geschäftig, lässt die Arbeit leicht von der Hand gehen; **(K)** bringt den Kreislauf in Schwung, erhöht den Blutdruck, hilft bei Unterleibsbeschwerden und Migräne.
Lit.: 1–9 | 11–14 | 17 **Verfüg.:** gering ❍

Rhodolith (Granat)

Mineralogie: Pyrop-Almandin-Mischkristall (kubisch, tertiär)
Indikationen: **(G)** Zuversicht, Lebenslust, Charisma; **(S)** fördert Vertrauen, Herzlichkeit, Sexualität und Sinnesfreuden, steigert die Potenz; **(V)** hilft, Herausforderungen optimistisch zu begegnen; **(K)** regt Kreislauf und Stoffwechsel an, verbessert die Durchblutung.
Lit.: 1–14 | 16 | 17 | 19 **Verfüg.:** selten ❍

Rhodonit

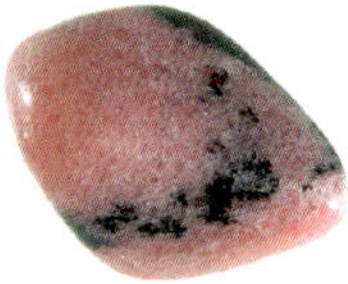

Mineralogie: Calcium-Mangan-Kettensilikat (triklin, tertiär)
Indikationen: **(G)** Wundheilung; **(S)** hilft zu verzeihen; **(V)** fördert gegenseitiges Verstehen; **(K)** bester Stein bei Verletzungen, Blutungen, Wunden und Insektenstichen, stärkt Muskeln, Herz und Kreislauf, hilft bei Autoimmunerkrankungen und Magengeschwüren.
Lit.: 1–6 | 8–14 | 17 | 18 **Verfüg.:** gut ❍

Richterit

Mineralogie: Amphibolmineral (Kettensilikat, monoklin, prim./tert.)
Indikationen: **(G)** Weisheit, Voraussicht; **(S)** gibt ein gutes Gespür für Zeitpunkte und Abläufe; **(V)** erweitert den eigenen Horizont, hilft, Entwicklungstendenzen früh zu erkennen und einzuschätzen; **(K)** fördert die Nieren und reguliert den Mineralstoffhaushalt.
Lit.: 4–6 | 8 | 9 **Verfüg.:** Rarität ❍

Rosaquarz

Mineralogie: Rosa kristalliner Quarz (Siliciumdioxid, trigonal, primär)
Indikationen: **(G)** Selbstentfaltung; **(S)** macht lebendig, lebensfroh und fröhlich, fördert die eigenen Anlagen; **(V)** hilft, aufzublühen in geliebten Fähigkeiten und ein wohltuendes Ambiente zu schaffen; **(K)** bringt Wohlgefühl, besänftigt Nerven und strapazierte Sinne.
Lit.: 2 | 4 | 5 | 6 | 8 **Verfüg.:** Rarität ❍

Rosenkristall (Quarz)
Mineralogie: Bergkristall mit rosa Hämatitüberzug (trig., prim./tert.)
Indikationen: **(G)** Zartgefühl, Liebe; **(S)** weckt und stimuliert die uns eigene liebende Kraft, wirkt tröstend und beschützend; **(V)** fördert einen herzlichen Umgang mit sich selbst und anderen; **(K)** schützt das Herz, fördert die Durchblutung, verfeinert den Tastsinn.
Lit.: 4 | 21 **Verfüg.:** Rarität ❍

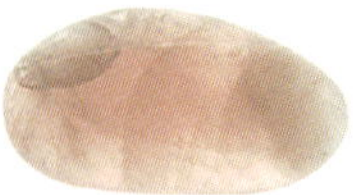

Rosenquarz (Quarz)
Mineralogie: Rosafarbener Quarz (Siliciumdioxid, trigonal, primär)
Indikationen: **(G)** Empfindsamkeit; **(S)** steigert das Einfühlungsvermögen, hilft bei sexuellen Schwierigkeiten; **(V)** verdeutlicht eigene Bedürfnisse und die Wünsche anderer; **(K)** harmonisiert den Herzrhythmus, fördert Geschlechtsorgane und Fruchtbarkeit.
Lit.: 1–14 | 17–19 **Verfüg.:** sehr gut ❍

Rosenquarz »Sternrosenquarz« (Quarz)
Mineralogie: Rosenquarz mit Lichtstern (trigonal, primär)
Indikationen: **(G)** Mitgefühl; **(S)** bringt Aufgeschlossenheit, Hilfsbereitschaft, Liebesfähigkeit und Romantik; **(V)** fördert harmonisches Zusammenleben; **(K)** hilft bei Erkrankungen des Herzens, des Blutes und der Geschlechtsorgane, verfeinert die Sinneswahrnehmung.
Lit.: 1–7 | 11 | 13 | 14 | 17 **Verfüg.:** selten ❍

Rubin (Korund)
Mineralogie: Chromhaltiger Korund (trigonal, primär/meist tertiär)
Indikationen: **(G)** Leidenschaft, Lebensfreude; **(S)** fördert Tapferkeit, Tugend und Mut, wirkt sexuell anregend; **(V)** fördert Engagement und Leistungsbereitschaft; **(K)** wirkt fiebertreibend, erhöht den Blutdruck, regt Kreislauf, Nebennieren und Geschlechtsorgane an.
Lit.: 1–9 | 11 | 12 | 14 | 17 | 19 **Verfüg.:** gut ❍

Rubin »Sternrubin« (Korund)
Mineralogie: Rubin mit Lichtstern durch Rutilfasern (trigonal, tertiär)
Indikationen: **(G)** Schwung, Elan, Bewegung; **(S)** fördert Sinnlichkeit und Sexualität, macht optimistisch und lebensfroh; **(V)** hilft, die eigenen Kräfte richtig einzuschätzen; **(K)** wirkt erwärmend, durchblutend, stabilisiert den Kreislauf, stärkt die Milz und die Geschlechtsorgane.
Lit.: 1–8 | 11 | 12 [14 **Verfüg.:** selten ❍

Rubin-Disthen

Mineralogie: Rubin in Disthenmantel (trigonal/triklin, tertiär)
Indikationen: **(G)** Entschlossenheit, Selbstverwirklichung; **(S)** Lebensfreude, Selbstüberwindung, Kraft; **(V)** Überwinden von Krisen, Konsequenz; **(K)** hilft bei Nervenleiden, Kreislaufbeschwerden, Herzrhythmusstörungen und Beklemmungen in der Brust.
Lit.: 4–6 **Verfüg.:** Rarität ❍

Rubin-Disthen-Fuchsit

Mineralogie: Rubin in Disthen in Fuchsit (trig./triklin/monokl., tertiär)
Indikationen: **(G)** Schutz und Selbstbestimmung; **(S)** Gelassenheit, Spannungsabbau, Schmerzlinderung, für guten Schlaf; **(V)** Problembewältigung aus eigener Kraft; **(K)** hilft bei Lähmungen, Rheuma, Entzündungen, Hauterkrankungen, Herz- und Rückenbeschwerden.
Lit.: 4–6 | 8 | 17 **Verfüg.:** Rarität ❍

Ruinen-Marmor (Kalkstein)

Mineralogie: Kalkgestein (Calciumcarbonat, trigonal, sekundär)
Indikationen: **(G)** Gemeinschaftssinn; **(S)** stärkt Gemeinschaftsgefühl, Treue und Zusammenhalt; **(V)** fördert Teamarbeit und Gruppenkonsens; **(K)** regt den Calcium-Stoffwechsel an und stärkt Atemwege, Dickdarm, Bindegewebe und Knochen.
Lit.: 2 | 4 | 16 **Verfüg.:** gering ❍

Rutilquarz gelb

Mineralogie: Gelbe Rutilfasern in Quarz (tetra./trigon., primär/tertiär)
Indikationen: **(G)** Hoffnung, Befreiung; **(S)** wirkt stimmungsaufhellend, befreit von uneingestandenen Ängsten; **(V)** hilft, sich von Verstrickungen in vermeintliche Sachzwänge zu lösen; **(K)** wirkt schleimlösend bei Husten und hilft bei chronischer Bronchitis.
Lit.: 1–9 | 11 | 13 | 14 | 17 **Verfüg.:** gut ❍

Rutilquarz klar

Mineralogie: Quarz m. wenig Rutilfasern (tetra./trigon., primär/tertiär)
Indikationen: **(G)** Weite; **(S)** befreit von Beklemmungen und bringt das Gefühl von Weite und Freiheit; **(V)** hilft, neue Lebenskonzepte zu entwickeln und der Zukunft mit Zuversicht zu begegnen; **(K)** hilft bei Allergien, Asthma, Atem- und Herzbeschwerden.
Lit.: 1–9 | 11 | 13 | 14 | 17 **Verfüg.:** gering ❍

Rutilquarz rot

Mineralogie: Rote Rutilfasern in Quarz (tetra./trigon., primär/tertiär)
Indikationen: **(G)** Größe, Vision; **(S)** hilft bei sexuellen Problemen wie Potenzstörungen und vorzeitigem Samenerguss; **(V)** hilft, »groß zu denken« und die eigenen Visionen nicht zu schmälern; **(K)** regt die Zellregeneration an, hilft bei Verstopfung und Darmbeschwerden.
Lit.: 1–9 | 11 | 13 | 14 | 17 **Verfüg.**: gering ❍

Sandrose

Mineralogie: Sandhaltige Gipsrosette (trigonal/monoklin, sekundär)
Indikationen: **(G)** Form und Struktur; **(S)** stabilisiert das emotionale Erleben, bremst unkontrollierte Ausbrüche; **(V)** fördert den gerechten Ausgleich zwischen verschiedenen Wünschen und Ansprüchen; **(K)** festigt das Bindegewebe, fördert die Stabilität der Knochen.
Lit.: 2 | 4–6 | 8 **Verfüg.**: gut ❍

Saphir blau (Korund)

Mineralogie: Blauer Korund (Aluminiumoxid, trigonal, primär/tertiär)
Indikationen: **(G)** Geisteskraft, Scharfsinn; **(S)** bringt eine unerschütterliche innere Ruhe; **(V)** hilft, die Gedanken zu bündeln und mit großer Kraft auf ein Ziel auszurichten; **(K)** wirkt schmerzlindernd, nervenstärkend, fieber- und blutdrucksenkend.
Lit.: 1 | 2 | 4–9 | 11 | 12 | 14 | 19 **Verfüg.**: gut ❍

Saphir farblos (Korund)

Mineralogie: Farbloser Korund (Aluminiumoxid, trigonal, prim./tert.)
Indikationen: **(G)** Unterscheidungsfähigkeit, Vernunft; **(S)** ermöglicht, die Stille des Gemüts zu erleben und daraus Kraft zu schöpfen; **(V)** hilft, Wunsch und Wirklichkeit zu erkennen und zu verbinden; **(K)** stärkt Gehirn, Nerven und Sinne, aktiviert die Selbstheilkräfte.
Lit.: 1 | 2 | 4–6 | 8 | 19 **Verfüg.**: selten ❍

Saphir gelb (Korund)

Mineralogie: Gelber Korund (Aluminiumoxid, trigonal, primär/tertiär)
Indikationen: **(G)** Erkennen, Einsicht, Verstehen; **(S)** hilft, in sich zu ruhen und die eigene Kraft zu spüren; **(V)** hilft, die Relativität von Glück und Unglück zu erkennen und das Leben sinnvoll zu gestalten; **(K)** gute Koordination, stärkt Nerven, Magen, Milz und Pankreas.
Lit.: 1 | 2 | 4–6 | 8 | 19 **Verfüg.**: selten ❍

Saphir rosa (Korund)

Mineralogie: Rosa Korund (Aluminiumoxid, trigonal, primär/tertiär)
Indikationen: **(G)** Allumfassende Liebe; **(S)** hilft, das Gefühl des Getrenntseins aufzulösen und die Verbundenheit mit allem zu spüren; **(V)** ermöglicht, aus dem Herzen zu sehen und zu sprechen; **(K)** erwärmt, aktiviert Nerven und Sinne, hilft bei Herzbeschwerden.
Lit.: 2 | 4–6 | 19 **Verfüg.:** selten ❍

Saphir »Sternsaphir« (Korund)

Mineralogie: Saphir mit Lichtstern durch Rutilfasern (trigonal, tertiär)
Indikationen: **(G)** Wahrheitsliebe, Sammlung; **(S)** wirkt beruhigend und hilft bei Depressionen und Wahnvorstellungen; **(V)** macht nüchtern und regt an, sich und andere auf Integrität und Verlässlichkeit zu prüfen; **(K)** hilft bei Darm-, Gehirn- und Nervenerkrankungen.
Lit.: 1 | 2 | 4–7 **Verfüg.:** selten ❍

Sarder (Chalcedon)

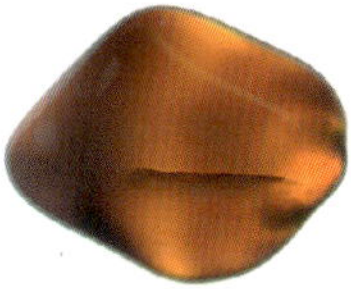

Mineralogie: Brauner Chalcedon (Quarz, trigonal, primär/sekundär)
Indikationen: **(G)** Herzenskraft; **(S)** hilft, Enttäuschungen zu verarbeiten und mit Rat und Tat zu helfen; **(V)** hilft, schwierige und belastende Situationen zu meistern; **(K)** verbessert die Durchblutung des Herzens, hilft bei Herzschwäche und Herzrhythmusstörungen.
Lit.: 1–6 | 8 | 14 | 16 **Verfüg.:** gering ❍

Sardonyx (Chalcedon)

Mineralogie: Chalcedon/Sarder/Onyx (trigonal, primär/sekundär)
Indikationen: **(G)** Sinneswahrnehmung, Tugend; **(S)** für Aufrichtigkeit und Charakterstärke; **(V)** verfeinert die Wahrnehmung, fördert deren Verarbeitung; **(K)** fördert alle Sinne, hilft bei Ohrenbeschwerden und Tinnitus, stärkt die Milz, verhindert Krankheits-Rückfälle.
Lit.: 1–6 | 8–14 | 16 **Verfüg.:** gering ❍

Schalenblende (Sphalerit-Wurtzit)

Mineralogie: Sphalerit, Wurtzit u. a. Sulfide (kub./hexa./rhomb., sek.)
Indikationen: **(G)** Umbruch, Wandlung; **(S)** hilft, dramatische Veränderungen zu überstehen; **(V)** beendet fruchtloses Grübeln; **(K)** gut für Gehirn, Haut, Augennetzhaut, Geruchs- und Geschmackssinn, Prostata und Keimdrüsen, schützt vor Schadstoffen und Strahlung.
Lit.: 1 | 2 | 4–6 | 8 | 9 **Verfüg.:** gering ❍

Scheelit

Mineralogie: Calcium-Wolframat (tetragonal, primär/tertiär)
Indikationen: **(G)** Macht, Fähigkeit; **(S)** festigt den eigenen Standpunkt und macht unangreifbar; **(V)** bringt Gewissheit über das eigene Können und Streben; **(K)** stärkt Gehirn und Nerven, bessert Zittern, Bewegungsstörungen und Atemnot, hilft bei Magersucht.
Lit.: 2 | 4 | 6 | 8 **Verfüg.:** selten ❍

Schlangenstein (fossile Foraminiferen)

Mineralogie: Verstein. Foraminiferen in Ton (trig./mono./trikl., sek.)
Indikationen: **(G)** Besinnung, Verarbeitung; **(S)** hilft, sich behutsam auf andere einzulassen oder sich ebenso behutsam zurückzuziehen; **(V)** fördert das Verarbeiten von Lebenserfahrungen; **(K)** regt Magen, Bauchspeicheldrüse, Darm, Verdauung und Ausscheidung an.
Lit.: 2 | 4 **Verfüg.:** gering ❍

Schneequarz (Quarzit)

Mineralogie: Weißer Quarz (Siliciumdioxid, trigonal, primär/tertiär)
Indikationen: **(G)** Unterstützung, Achtsamkeit; **(S)** hilft, das eigene Potential wahrzunehmen und zu leben; **(V)** ermöglicht, sich neutral und sachlich auszudrücken; **(K)** bringt Energie in unterversorgte Bereiche, hilft bei Schwäche, stärkt Wirbelsäule und Gelenke.
Lit.: 2 | 4–6 | 8 **Verfüg.:** gut ❍

Schungit (Steinkohle)

Mineralogie: Kohle in Ölschiefer (hex./mono./trikl./amorph, tertiär)
Indikationen: **(G)** Realisierung; **(S)** hilft, Angst vor Verlust, Isolation und materiellem Schaden zu überwinden; **(V)** ermöglicht, alte Gewohnheiten und destruktive Gedanken loszulassen; **(K)** fördert Verdauung, Stoffwechsel und Ausscheidung, reinigt den Darm.
Lit.: 4 **Verfüg.:** gut ❍

Schwefel

Mineralogie: Schwefel (Nat. Element, rhombisch, primär/sekundär)
Indikationen: **(G)** Reinigung; **(S)** bei launischem Gemüt und schmuddeliger Erscheinungsweise; **(V)** deckt Unklarheiten und verborgene Bewussseinsinhalte auf; **(K)** zur intensiven Reinigung von Haut, Binde- und Fettgewebe, fördert die Schwermetallentgiftung.
Lit.: 2 | 4–6 | 8 **Verfüg.:** gut ❍

Schwefelquarz

Mineralogie: Schwefelgelber Kristallquarz (trigonal, primär)
Indikationen: **(G)** Läuterung, Klärung; **(S)** hilft, Ärger, Unlust, Verdruss und Wankelmut aufzulösen; **(V)** ermöglicht, Konflikte vernünftig zu klären und die Ursachen für Miseren aller Art zu finden; **(K)** fördert die Ausscheidung und hilft bei Hautunreinheiten.
Lit.: 4 | 6 | 8 **Verfüg.:** Rarität ❍

Selenit (Fasergips)

Mineralogie: Faseriges Calciumsulfat (monoklin, sekundär)
Indikationen: **(G)** Abschirmung, Kontrolle, fester Halt; **(S)** beruhigt bei Gereiztheit und Hyperaktivität, schützt vor Kontrollverlust, hilft, sich zurückzuziehen; **(V)** bewusste Wahrnehmung und Auflösung eigener Muster; **(K)** festigt das Gewebe und wirkt schmerzlindernd.
Lit.: 2 | 4–6 | 8 | 17 **Verfüg.:** gut ❍

Selenit (Gipskristall)

Mineralogie: Kristallin-klares Calciumsulfat (monoklin, sekundär)
Indikationen: **(G)** Gleichmut, Milde; **(S)** hilft bei Reizüberflutung, lindert Stress, bringt emotionale Stabilität; **(V)** fördert eine unvoreingenommene Wahrnehmung; **(K)** beruhigt die Nerven, verbessert die Beweglichkeit und hilft bei Störungen der Motorik und Koordination.
Lit.: 2 | 4–6 | 8 | 9 **Verfüg.:** selten ❍

Selenit (Marienglas, Gips)

Mineralogie: Plattiges klares Calciumsulfat (monoklin, sekundär)
Indikationen: **(G)** Erdung, Zuverlässigkeit; **(S)** schützt durch Unbeeinflussbarkeit, vermittelt die Empfindung von Reinheit und Unschuld; **(V)** hilft, sich zu mäßigen und mit den eigenen Kräften hauszuhalten; **(K)** beruhigt die Nerven, wirkt schmerzlindernd und entkrampfend.
Lit.: 2 | 4–6 | 8 | 9 **Verfüg.:** gering ❍

Septarie

Mineralogie: Calcit in Tonknolle (trig./rhomb./mono./trikl., sekundär)
Indikationen: **(G)** Zugänglichkeit; **(S)** hilft, in schwierigen Situationen standfest zu bleiben ohne sich zu verschließen; **(V)** löst Verdrängungsmechanismen auf; **(K)** hilft bei Geschwulstbildungen, Übersäuerung, Darm- und Hauterkrankungen.
Lit.: 2 | 4–6 | 8 **Verfüg.:** gut ❍

Seraphinit (Klinochlor)
Mineralogie: Schichtsilikat der Chloritgruppe (monoklin, tertiär)
Indikationen: **(G)** Achtsamkeit, Kontaktbereitschaft; **(S)** hilft, Leidensprogramme aufzulösen; **(V)** für Konfliktlösung, Versöhnung und konstruktive Kompromisse; **(K)** leber- und nierenstärkend, entgiftend, stoffwechselanregend, hilft abzunehmen, gutes Körpergefühl.
Lit.: 4–6 | 8 | 12 **Verfüg.:** gering ❍

Serpentin edel (Antigorit)
Mineralogie: Basisches Magnesium-Schichtsilikat (monoklin, tertiär)
Indikationen: **(G)** Fürsorge; **(S)** lindert Stress und Anspannung, gleicht Stimmungsschwankungen aus; **(V)** fördert Unterstützung und gegenseitige Hilfe; **(K)** hilft bei Muskelkrämpfen, reguliert die Nierenfunktion, lindert Übersäuerung und vermindert Gefäßablagerungen.
Lit.: 1–14 | 17 | 19 **Verfüg.:** gering ❍

Serpentin mit Chromit, »Chytha«
Mineralogie: Serpentin mit Chromit (monoklin/kubisch, tertiär)
Indikationen: **(G)** Selbstbestimmung; **(S)** hilft, sich gegen Fremdbeeinflussung abzuschirmen; **(V)** ermöglicht, die eigenen Interessen besser zu vertreten; **(K)** hilft bei Nieren-, Leber-, Magen- und Darmbeschwerden, v. a. wenn Durchfall und Verstopfung abwechseln.
Lit.: 1–14 | 17 **Verfüg.:** gering ❍

Serpentin »Silberauge«
Mineralogie: Serpentin mit Lizardit und Chrysotil (trig./rhomb., tert.)
Indikationen: **(G)** Schutz; **(S)** fördert Abgrenzung und inneren Frieden, hilft Orgasmusblockaden beim Sex zu lösen; **(V)** macht kompromissbereiter und vermindert Streitlust; **(K)** hilft bei Herzrhythmusstörungen, Muskelkrämpfen und Menstruationsbeschwerden.
Lit.: 1–11 | 17 | 19 **Verfüg.:** gut ❍

Shiva-Lingam (Sandstein/Tonstein)
Mineralogie: Sediment-Flussgerölle (trigon./monokl./trikl., sekundär)
Indikationen: **(G)** Geistige Weiterentwicklung; **(S)** zum Aufarbeiten früher Kindheitserfahrungen und anderer seelischer Prägungen; **(V)** hilft, sich selbst zu prüfen und Unnötiges loszulassen; **(K)** wirkt ausgleichend und entkrampfend bei Unterleibsbeschwerden.
Lit.: 2 | 4 | 6 | 8 **Verfüg.:** gering ❍

Siderit

Mineralogie: Eisencarbonat (trigonal, alle Bildungsbereiche)
Indikationen: **(G)** Beständigkeit; **(S)** bringt Geduld und Kraft in schweren Zeiten, fördert Gleichmut bei aufgewühltem, unruhigem Gemüt; **(V)** hilft, aus sich herauszugehen und Grübelei zu beenden; **(K)** bei Störungen von Herz, Kreislauf und Eisenstoffwechsel.
Lit.: 2 | 4 | 6 | 8 **Verfüg.:** selten ❍

Skapolith (Marialith-Mejonit)

Mineralogie: Marialith-Mejonit-Mischkristall (tetragon., primär/tertiär)
Indikationen: **(G)** Ungezwungenheit; **(S)** stimmungsaufhellend, lebensbejahend, hilft, sich selbst treu zu sein; **(V)** löst fixe Ideen auf, erweitert den gedanklichen Horizont, ermöglicht, »Denkverbote« zu durchbrechen; **(K)** hilft bei Nieren- und Augenleiden.
Lit.: 2 | 4 | 6 | 8 **Verfüg.:** selten ❍

Skolezit

Mineralogie: Faserzeolith (Gerüstsilikat, monoklin, primär/sekundär)
Indikationen: **(G)** Verbundenheit, Teamgeist; **(S)** ausgeglichene Aktivität, wohltuender Schlaf, besänftigt übermäßiges sexuelles Verlangen; **(V)** hilft, das Leben positiv zu betrachten und anzunehmen; **(K)** schärft das Gehör, stärkt Knochen, Ohren und Nieren.
Lit.: 2 | 4–6 | 8 | 11 **Verfüg.:** gering ❍

Smaragd (Beryll)

Mineralogie: Chromhaltiger Beryll (Ringsilikat, hexa., primär/tertiär)
Indikationen: **(G)** Sinnfindung; **(S)** fördert Harmonie und Gerechtigkeit, Erholung und Regeneration; **(V)** unterstützt die Zielfindung und -verwirklichung; **(K)** hilft bei Nebenhöhlenentzündungen, Kopfschmerzen, Epilepsie, Augen-, Herz- und Darmerkrankungen.
Lit.: 1–14 | 16 | 17 | 19 **Verfüg.:** gut ❍

Smaragd in Quarzit

Mineralogie: Smaragd in Quarzit-Matrix (hexagonal/trigonal, tertiär)
Indikationen: **(G)** Orientierung; **(S)** hilft, Schicksalsschläge zu überwinden; **(V)** hilft, in Krisenzeiten neue Orientierung zu finden; **(K)** stärkt die Leber, entgiftet, entsäuert, hilft bei Schnupfen, Schnarchen, Infektionen, Entzündungen, Rheuma und Gicht.
Lit.: 1–7 | 17 **Verfüg.:** gering ❍

Smithsonit blau

Mineralogie: Kobalthaltiges Zinkcarbonat (trigonal, sekundär)
Indikationen: **(G)** Neugier, Interesse; **(S)** macht extrovertiert, nimmt Befangenheit, verbessert den Schlaf; **(V)** fördert die Intelligenz; **(K)** lindert Diabetes, fördert Wundheilung, Immunsystem und Fruchtbarkeit, gut für Haut, Nerven, Prostata und bei unruhigen Beinen.
Lit.: 2 | 4–6 | 8 **Verfüg.:** selten ❍

Smithsonit rosa

Mineralogie: Manganhaltiges Zinkcarbonat (trigonal, sekundär)
Indikationen: **(G)** Versöhnung; **(S)** hilft, schmerzhafte Erlebnisse zu verarbeiten; **(V)** bringt bei Veränderungen Ruhe und Konzentration; **(K)** hilft bei nervösen Herzbeschwerden, unruhigen Beinen und Diabetes, fördert Wundheilung, Immunsystem und Fruchtbarkeit.
Lit.: 2 | 4–6 | 8 **Verfüg.:** selten ❍

Sodalith

Mineralogie: Natriumhaltiges Gerüstsilikat (kubisch, primär/tertiär)
Indikationen: **(G)** Wahrheitssuche; **(S)** löst Schuldgefühle auf, hilft, zu sich selbst zu stehen; **(V)** steigert Bewusstheit, Idealismus und Wahrheitsstreben; **(K)** fördert die Flüssigkeitsaufnahme, hilft bei Heiserkeit, Stimmverlust, Fieber, Übergewicht und hohem Blutdruck.
Lit.: 1–14 | 17 **Verfüg.:** gut ❍

Sonnenstein (Aventurin-Feldspat)

Mineralogie: Glitzernd brauner Feldspat (Gerüstsilikat, triklin, prim.)
Indikationen: **(G)** Optimismus; **(S)** hilft, das Leben zu bejahen, lindert Ängste, Sorgen und Depression; **(V)** lenkt den Blick auf eigene Stärken und die Sonnenseiten des Lebens; **(K)** harmonisiert das vegetative Nervensystem und das Zusammenspiel der Organe.
Lit.: 1–9 | 11–14 | 19 **Verfüg.:** gut ❍

Sonora Sunrise (Cuprit-Tenorit-Brochantit-Chrysokoll)

Mineralogie: Kupfermineralien-Gemenge (kub./monokl., sekundär)
Indikationen: **(G)** Würde, Schönheit; **(S)** hilft, verletzte Gefühle loszulassen und innerlich in Balance zu bleiben; **(V)** regt an, Verantwortung zu übernehmen und sich sinnvoll zu engagieren; **(K)** lindert Entzündungen, Krämpfe und Menstruationsbeschwerden.
Lit.: 4 **Verfüg.:** selten ❍

Spanischer Olivin

Mineralogie: Serpentinisierter Peridotit (monoklin, tertiär)
Indikationen: **(G)** Unabhängigkeit, Schutz; **(S)** bringt Ausgeglichenheit und das Gefühl des Geschütztseins; **(V)** stärkt Konzentration und Selbstbestimmung; **(K)** reguliert den Stoffwechsel und das Zusammenwirken der inneren Organe, hilft, Fremdkörper abzusondern.
Lit.: 4 **Verfüg.:** Rarität ❍

Spessartin (Granat)

Mineralogie: Mangan-Aluminium-Inselsilikat (kubisch, tertiär/primär)
Indikationen: **(G)** Beherztheit, Hilfsbereitschaft; **(S)** hilft bei Alpträumen, Depressionen und sexuellen Problemen; **(V)** hilft, stark belastende, tabuisierte und peinliche Dinge anzusprechen und zu klären; **(K)** stärkt Herz, Dünndarm (Nährstoffaufnahme) und Immunsystem.
Lit.: 1 | 2 | 4 | 6 | 8 | 19 **Verfüg.:** selten ❍

Sphalerit (Zinkblende, Honigblende)

Mineralogie: Zinksulfid (kubisch, alle Bildungsbereiche)
Indikationen: **(G)** Behendigkeit, Elan; **(S)** gegen Erschöpfung, Schwäche, Mutlosigkeit und Angst; **(V)** stärkt die Merkfähigkeit, ermöglicht, mehreres parallel mitzuverfolgen; **(K)** hilft bei Diabetes und unruhigen Beinen, für Gehirn, Haut, Immunabwehr, Fruchtbarkeit.
Lit.: 2 | 4–6 | 8 **Verfüg.:** selten ❍

Sphalerit-Magnetit in Serpentin

Mineralogie: Spalerit u. Magnetit in Serpentin (kub./monokl., tertiär)
Indikationen: **(G)** Schnelligkeit; **(S)** gleicht innere Unruhe aus und hilft, einzuschlafen; **(V)** fördert abstraktes Denken, Konzentrations- und Erinnerungsfähigkeit; **(K)** verbessert die Wundheilung, lindert Diabetes und stärkt Gehirn, Haut und Immunabwehr.
Lit.: 2 | 4–6 | 8 **Verfüg.:** gering ❍

Spinell blau

Mineralogie: Magnesium-Aluminium-Oxid (kubisch, primär/tertiär)
Indikationen: **(G)** Vorstellungsvermögen; **(S)** hilft, sich anzunehmen, wie man/frau ist; **(V)** erweitert den geistigen Horizont und ermöglicht, Probleme durch neue Blickwinkel zu lösen; **(K)** stärkt die Nerven, Nieren und Blase, lindert Asthma, Allergien und Entzündungen.
Lit.: 2 | 4–6 | 19 **Verfüg.:** Rarität ❍

Spinell rot

Mineralogie: Magnesium-Aluminium-Oxid (kubisch, primär/tertiär)

Indikationen: **(G)** Selbstbehauptung; **(S)** bringt Mut, Zuversicht und lebensbejahende Gesinnung; **(V)** motiviert, nicht aufzugeben, und fördert das Durchhaltevermögen; **(K)** regt den Kreislauf an, kräftigt die Muskulatur, belebt gefühllose und gelähmte Gliedmaßen.

Lit.: 2 | 4–6 | 8 | 19 **Verfüg.:** selten ❍

Spinell schwarz

Mineralogie: Magnesium-Aluminium-Oxid (kubisch, primär/tertiär)

Indikationen: **(G)** Disziplin, Pflicht; **(S)** bringt konstruktive Tatkraft und Bescheidenheit; **(V)** fördert Struktur im Denken und Beständigkeit im Handeln; **(K)** kräftigt die Muskulatur, stärkt Gelenke und Gliedmaßen, reinigt Gewebe, Gefäße, Darm und Haut.

Lit.: 2 | 4–6 | 19 **Verfüg.:** gering ❍

Spinell violett

Mineralogie: Magnesium-Aluminium-Oxid (kubisch, primär/tertiär)

Indikationen: **(G)** Überzeugung, Einstellung; **(S)** bringt innere Sammlung, befreit von belastenden Gefühlen; **(V)** regt an, die eigenen Vorstellungen und Werte zu überdenken; **(K)** befreit den Atem, hilft bei Enge, Schwindelgefühlen und Schilddrüsenbeschwerden.

Lit.: 2 | 4–6 | 19 **Verfüg.:** Rarität ❍

Staurolith

Mineralogie: Eisen-Aluminium-Inselsilikat (monoklin, tertiär)

Indikationen: **(G)** Identität, Wandlung des eigenen Lebens; **(S)** hilft, festgefahrene Muster aufzulösen; **(V)** regt das Erkennen von Sinn und Unsinn im Leben an; **(K)** fördert ein gesundes Milieu der Körperflüssigkeiten, hilft bei Bakterien-, Viren- und Pilzinfektionen.

Lit.: 2 | 4–6 | 8 **Verfüg.:** gering ❍

Staurolith-Granatschiefer

Mineralogie: Staurolith/Glimmerschiefer/Granat (mono./kub., tert.)

Indikationen: **(G)** Stärkung, Standhalten; **(S)** hilft, Belastungen zu meistern und gefasst und beherrscht zu bleiben; **(V)** ermöglicht, vernünftig das Notwendige zu tun und Unerledigtes abzuschließen; **(K)** stärkt Nerven, Nieren, Kreislauf, Magen, Darm, Galle, Immunsystem.

Lit.: 4 **Verfüg.:** selten ❍

Steatit (Talk)

Mineralogie: Basisches Magnesium-Schichtsilikat (monoklin, tertiär)
Indikationen: **(G)** Zugänglichkeit; **(S)** hilft, Ängstlichkeit und übertriebene Abwehrhaltungen zu überwinden; **(V)** macht umgänglich und gesprächsbereit; **(K)** reinigt und baut Fettgewebe ab, hilft gegen Übergewicht, schützt Blutgefäße und Herz.
Lit.: 2 | 4 | 6 | 8 **Verfüg.:** gut ❍

Stichtit

Mineralogie: Magnesium-Chrom-Carbonat (trigonal, sekund./tertiär)
Indikationen: **(G)** Sanftheit; **(S)** bringt innere Ruhe bei aufgebrachtem Gemüt, hilft bei starken Sorgen; **(V)** bringt Entschlossenheit zur Umsetzung notwendiger Maßnahmen; **(K)** löst Anspannung im Kiefergelenk, hilft bei Bruxismus, Zähneknirschen und Kopfschmerzen.
Lit.: 4 | 6 **Verfüg.:** selten ❍

Stichtit-Serpentinit

Mineralogie: Stichtit in Serpentinit (trigon./monokl., sekundär-tertiär)
Indikationen: **(G)** Frieden; **(S)** bringt Gelassenheit und erholsamen Schlaf, lindert Stress und Anspannung; **(V)** hilft, Entscheidungen zu treffen und umzusetzen; **(K)** löst Muskelkrämpfe, hilft bei Bruxismus und Zähneknirschen, gut für Magen, Darm, Leber, Galle und Nieren.
Lit.: 4 | 6 **Verfüg.:** selten ❍

Stilbit

Mineralogie: Blätterzeolith (Gerüstsilikat, monokl., alle Bildungsber.)
Indikationen: **(G)** Sanftheit; **(S)** für ein ruhiges, entspanntes, in sich gestärktes Gemüt; **(V)** regt an, den eigenen Ideen und Visionen zu folgen; **(K)** fördert die Nierenfunktion, stärkt die Sinne, insbesondere den Geschmackssinn und hilft bei Halsschmerzen.
Lit.: 2 | 4–6 | 8 **Verfüg.:** gering ❍

Stromatolith

Mineralogie: Kieselalgen-Sediment (trig./rhomb./trikl. u. a., sekund.)
Indikationen: **(G)** Anpassungsfähigkeit; **(S)** fördert Nachgiebigkeit bei zugleich festem Standpunkt; **(V)** hilft, gesammelte Erfahrungen zu verarbeiten und daran zu wachsen; **(K)** reinigt Darm und Gewebe, verbessert die Darmflora, fördert Stoffwechsel und Ausscheidung.
Lit.: 2 | 4–6 | 8 | 9 | 14 | 17 **Verfüg.:** gering ❍

Strontianit

Mineralogie: Strontiumcarbonat (rhombisch, primär/sekundär)

Indikationen: **(G)** Wertschätzung; **(S)** stärkt das Selbstwertgefühl, hebt die Stimmung; **(V)** macht entscheidungsfreudig und unternehmungslustig; **(K)** fördert Leistungsfähigkeit und Ausdauer, hilft, Überanstrengung zu vermeiden, verbessert den Stuhlgang.

Lit.: 2 | 4 | 6 | 8 | 9 **Verfüg.:** gering ❍

Sugilith

Mineralogie: Mineralstoffreiches Ringsilikat (hexagon., sekund./tert.)

Indikationen: **(G)** Konsequenz; **(S)** regt an, sich selbst treu zu bleiben und hilft bei Ängsten und Paranoia; **(V)** gibt Kraft, Konflikte zu lösen und Vorhaben kompromisslos zu vollenden; **(K)** hilft bei Schmerzen, Nervenleiden, Legasthenie und motorischen Störungen.

Lit.: 1–6 | 8–12 | 14 | 17 **Verfüg.:** selten ❍

Tansanit (Zoisit)

Mineralogie: Blauer Zoisit (Gruppensilikat, rhombisch, tertiär)

Indikationen: **(G)** Berufung, Orientierung; **(S)** hilft, Ängste und Krisen zu überwinden und Vertrauen zu entwickeln; **(V)** hilft, Sinnfragen zu klären und mit sich selbst ins Reine zu kommen; **(K)** fördert die Nieren, stärkt die Nerven und wirkt kräftigend und aufbauend.

Lit.: 2 | 4–6 | 8 | 9 | 19 **Verfüg.:** Rarität ❍

Tektit

Mineralogie: Bei Meteoriteneinschlag gebildetes Glas (amorph, tert.)

Indikationen: **(G)** Loslassen; **(S)** hilft, Zukunftsängste und Verhaftungen an Geld oder Besitz loszulassen; **(V)** fördert die Erkenntnis, ein geistiges Wesen zu sein; **(K)** beschleunigt Heilung, hilft bei Belastungen durch Strahlung und Infektionskrankheiten.

Lit.: 2 | 4–6 | 8 | 17 **Verfüg.:** gut ❍

Thulit (Zoisit)

Mineralogie: Mangan-Zoisit (Gruppensilikat, rhombisch, tertiär)

Indikationen: **(G)** Lust, Herausforderung; **(S)** hilft, über den eigenen Schatten zu springen, regt Romantik und Sexualität an; **(V)** hilft, Wünsche, Phantasien und Bedürfnisse auszuleben; **(K)** fördert Fruchtbarkeit und Regeneration und stärkt die Geschlechtsorgane.

Lit.: 1–9 | 11–14 | 17 **Verfüg.:** gering ❍

Tiffany Stone (Fluorit-Opal-Jaspis)

Mineralogie: Fluorit-Opal-Jaspis-Gemenge (kub./am./trig., sekund.)
Indikationen: **(G)** Spielerische Freiheit; **(S)** Intuition, Leichtigkeit, Sanftheit, lindert extreme Spannungen; **(V)** Präsenz im Hier und Jetzt, macht erfinderisch, baut Wertungen ab; **(K)** hilft bei Allergien, Lymphstau, Haut- und Atemwegsbeschwerden, Infektionen, Husten.
Lit.: 4 | 6 | 8 **Verfüg.:** Rarität ❍

Tigerauge (Faserquarz)

Mineralogie: Gelbbrauner faseriger Quarz (trigonal, sekundär)
Indikationen: **(G)** Durchblick, Distanz; **(S)** hilft bei Stress, Belastung und von außen einstürmenden Stimmungen; **(V)** schärft die Sinne und hilft, den Durchblick zu wahren, wenn vieles sehr schnell geschieht; **(K)** reguliert die Nebennieren und lindert Asthmaanfälle.
Lit.: 1–8 | 12 | 14 | 17 | 19 **Verfüg.:** sehr gut ❍

Tigerauge mit Falkenauge (Faserquarz)

Mineralogie: Falkenauge-Übergang zu Tigerauge (trigon., sekund.)
Indikationen: **(G)** Gefaßtheit, Distanz; **(S)** hilft die Fassung in Extremsituationen zu wahren; **(V)** fördert rasche Auffassungsgabe und überlegtes Handeln; **(K)** lindert Schmerzen, reguliert die Nebennieren und hilft bei akuten Asthmaanfällen.
Lit.: 1 | 2 | 4–6 | 8 | 14 | 17 | 19 **Verfüg.:** gut ❍

Tigereisen

Mineralogie: Hämatit-Jaspis-Tigerauge-Gestein (trigonal, tertiär)
Indikationen: **(G)** Lebenskraft; **(S)** hilft, Schwierigkeiten zu überwinden; **(V)** regt an, pragmatische Lösungen zügig und entschlossen umzusetzen; **(K)** hilft bei Erschöpfung, Kreislaufbeschwerden und Eisenmangel, fördert Blutbildung und Sauerstofftransport.
Lit.: 1–9 | 11 | 12 | 14 | 17 **Verfüg.:** gut ❍

Titanit gelb (Sphen)

Mineralogie: Calcium-Titan-Inselsilikat (monoklin, primär/tertiär)
Indikationen: **(G)** Aufrichtigkeit; **(S)** fördert die Selbstbeherrschung, vermittelt innere Größe und Weite; **(V)** hilft, sich durch Widerstände durchzubeißen; **(K)** stärkt Magen und Verdauung, hilft bei allen Beschwerden der Zähne und des Zahnfleischs, lindert Entzündungen.
Lit.: 2 | 4 | 5 | 6 | 8 | 9 **Verfüg.:** selten ❍

Titanit grün (Sphen)
Mineralogie: Grünes Calcium-Titan-Inselsilikat (monoklin, tertiär)
Indikationen: **(G)** Integrität; **(S)** lindert Zorn, Wut und Verbissenheit; **(V)** ermutigt, den eigenen Weg zu gehen; **(K)** fördert die Regeneration, stärkt das Immunsystem, hilft bei hartnäckigen Entzündungen, u.a. Bronchitis, Nebenhöhlen- oder Zahnwurzelentzündung.
Lit.: 2 | 4 | 5 | 6 **Verfüg.:** selten ❍

Topas blau
Mineralogie: Eisenhalt. Aluminium-Inselsilikat (rhombisch, primär)
Indikationen: **(G)** Selbstvertrauen; **(S)** bringt Verlässlichkeit und Sicherheit in den eigenen Fähigkeiten; **(V)** hilft, Weisheit aus den Wendungen des Schicksals zu gewinnen; **(K)** stärkt die Nerven und Verdauung, hilft bei Sprachstörungen, verbessert das Gehör.
Lit.: 1–9 | 11–14 | 16 | 19 **Verfüg.:** selten ❍

Topas braun
Mineralogie: Manganhalt. Aluminium-Inselsilikat (rhombisch, primär)
Indikationen: **(G)** Selbstsicherheit; **(S)** hilft, Erfahrungen zu verarbeiten und daraus Sicherheit zu gewinnen; **(V)** bringt Gelassenheit durch die Gewissheit des eigenen Könnens; **(K)** stärkt die Nerven, verbessert Verdauung und Nährstoffaufnahme, hilft bei Magersucht.
Lit.: 1–8 | 11–14 | 16 **Verfüg.:** selten ❍

Topas farblos
Mineralogie: Aluminium-Inselsilikat (rhombisch, primär)
Indikationen: **(G)** Selbstverwirklichung; **(S)** hilft, den eigenen inneren Reichtum an Wissen und Fähigkeiten zu entdecken; **(V)** fördert die geistige Entwicklung, hilft, die eigenen Ziele klar zu erkennen; **(K)** hilft bei Sehschwäche, Augenleiden und regt den Stoffwechsel an.
Lit.: 1–8 | 11–14 | 16 | 19 **Verfüg.:** gut ❍

Topas gelb
Mineralogie: Chromhalt. Aluminium-Inselsilikat (rhombisch, primär)
Indikationen: **(G)** Selbstwert; **(S)** fördert Selbstsicherheit und das Bewusstsein der eigenen Wichtigkeit; **(V)** hilft, die Erfolge des eigenen Lebens und Tuns zu würdigen; **(K)** regt Verdauung und Stoffwechsel an, stärkt Magen, Pankreas und Dünndarm.
Lit.: 2 | 4–6 | 8 | 9 | 13 | 14 | 16 | 19 **Verfüg.:** selten ❍

Topas »Goldtopas«

Mineralogie: Phosphorhaltiger goldgelber Topas (rhombisch, prim.)
Indikationen: **(G)** Selbstachtung; **(S)** hilft, die persönliche Einzigartigkeit wahrzunehmen und zu zeigen; **(V)** bringt Engagement und Tatkraft; **(K)** hilft bei Nervenleiden, Verdauungs- und Essstörungen (auch Magersucht), fördert Stoffwechsel und Fruchtbarkeit der Frau.
Lit.: 1–8 | 11–14 | 16 | 17 | 19 **Verfüg.:** selten ❍

Topas »Imperialtopas«

Mineralogie: Phosphorhaltiger gelb-pinker Topas (rhombisch, prim.)
Indikationen: **(G)** Selbstbewusstsein; **(S)** regt an, sich ins richtige Licht zu stellen, hilft bei Depression; **(V)** fördert die Realisierung großer Pläne; **(K)** hilft bei Nervenleiden, Verdauungs- und Essstörungen (auch Magersucht), fördert Stoffwechsel und Fruchtbarkeit der Frau.
Lit.: 1–8 | 11–14 | 16 | 17 | 19 **Verfüg.:** selten ❍

Topas pink

Mineralogie: Phosphorhaltiger pinker Topas (rhombisch, primär)
Indikationen: **(G)** Selbstliebe; **(S)** fördert Charisma, Herzlichkeit und Seelenwärme sowie ein erfülltes Gefühlsleben; **(V)** fördert Hilfsbereitschaft und soziales Engagement; **(K)** hilft bei Nervenleiden, Herzbeschwerden, Stoffwechselstörungen und Unfruchtbarkeit.
Lit.: 4 | 5 | 19 **Verfüg.:** selten ❍

Tsavorit (Granat)

Mineralogie: Chrom-/vanadiumhaltiger Grossular (kubisch, tertiär)
Indikationen: **(G)** Aufbau, Ungebundenheit; **(S)** bringt neue Kraft in mühseligen Lebensabschnitten; **(V)** hilft, sich durch lähmende Probleme »hindurchzubeißen«; **(K)** entgiftet und hilft bei Entzündungen sowie hartnäckigen, chronischen und degenerativen Erkrankungen.
Lit.: 2 | 4–6 | 8 | 19 **Verfüg.:** Rarität ❍

Tsesit (Eisenerz-Konkretion)

Mineralogie: Eisenerze mit Wüstenlack-Verwitterung (rhomb., sek.)
Indikationen: **(G)** Kraft; **(S)** wirkt anregend und aktivierend, bringt Stärke und Ausdauer; **(V)** hilft, die eigenen Wünsche und Vorstellungen tatkräftig umzusetzen; **(K)** regt Entzündungen an und löst dadurch energetische Staus, stärkt die Muskeln, fördert die Blutbildung.
Lit.: 4 **Verfüg.:** gut ❍

Tugtupit

Mineralogie: Natriumhaltiges Gerüstsilikat (tetragonal, primär)

Indikationen: **(G)** Überzeugung, Verstehen; **(S)** stärkt das Selbstbewusstsein, löst Rachegefühle und Selbstmitleid auf; **(V)** beendet Selbstzweifel und Bedauern, hilft, aus Fehlern zu lernen und zur eigenen Überzeugung zu stehen; **(K)** hilft bei Herz- und Nierenleiden.

Lit.: 2 | 4 | 6 | 8 **Verfüg.:** Rarität ❍

Türkis

Mineralogie: Basisch. Kupfer-Aluminium-Phosphat (triklin, sekund.)

Indikationen: **(G)** Schicksal; **(S)** wirkt ausgleichend, aufmunternd, schützt vor fremden Einflüssen; **(V)** ermöglicht, Ursachen für Glück und Unglück zu erkennen und zu meistern; **(K)** hilft bei Erschöpfung, Übersäuerung, Rheuma, Gicht, Magenbeschwerden und Krämpfen.

Lit.: 1–9 | 11–14 | 19 **Verfüg.:** gering ❍

Turmalin blau (Indigolith)

Mineralogie: Blauer Turmalin (Bor-Ringsilikat, trigonal, primär)

Indikationen: **(G)** Treue und Ethik; **(S)** löst Trauer und blockierte Gefühle; **(V)** macht offen, tolerant, fördert Wahrheitsliebe und Verantwortungsbewusstsein; **(K)** regt Wasserhaushalt und Ausscheidung über Nieren und Blase an, lässt Brandwunden besser verheilen.

Lit.: 1–9 | 11 | 13 | 14 | 17 | 19 **Verfüg.:** Rarität ❍

Turmalin Dravit

Mineralogie: Magnesium-Aluminium-Turmalin (trigonal, primär/tert.)

Indikationen: **(G)** Gemeinschaftssinn; **(S)** fördert Hilfsbereitschaft und soziales Engagement; **(V)** bringt pragmatische Kreativität und handwerkliches Geschick; **(K)** regt die Regeneration der Zellen, Gewebe und Haut an, hilft bei Cellulite und Narbenheilung.

Lit.: 1–8 | 11 | 13 | 14 | 17 | 19 **Verfüg.:** gering ❍

Turmalin gelb

Mineralogie: Gelber Turmalin (Bor-Ringsilikat, trigonal, primär)

Indikationen: **(G)** Glück; **(S)** fördert ein glückliches, zufriedenes Leben und das Vertrauen in die eigenen Fähigkeiten; **(V)** stärkt Erinnerungsfähigkeit, Unternehmungslust und positive Weltsicht; **(K)** regt Sinne, Nerven, Verdauung und Stoffwechsel an.

Lit.: 2 | 4–6 | 8 | 11 | 19 **Verfüg.:** selten ❍

Turmalin grün (Verdelith)

Mineralogie: Grüner Turmalin (Bor-Ringsilikat, trigonal, primär)
Indikationen: **(G)** Dankbarkeit; **(S)** hilft, die Wunder des Lebens zu sehen; **(V)** fördert das Interesse an Mitmenschen und Umwelt; **(K)** entgiftet, stärkt Nerven, Herz, Darm, Gelenke und Funktionsgewebe (Parenchym), hilft bei degenerativen Prozessen und Tumoren.
Lit.: 1–6 | 8 | 9 | 13 | 14 | 17 | 19 **Verfüg.:** gering ❍

Turmalin »Paraiba-Turmalin«

Mineralogie: Kupferhalt. Turmalin (Bor-Ringsilikat, trigonal, primär)
Indikationen: **(G)** Liebe, Schönheit; **(S)** ermöglicht das Erleben der allumfassenden Liebe zur Welt und allen Wesen, bringt tiefe Träume; **(V)** fördert Gerechtigkeit, Entscheidungskraft und klärt Verwirrung; **(K)** stimuliert Hormone, Leber, Nerven und Gehirn.
Lit.: 2 | 4–6 | 8 **Verfüg.:** Rarität ❍

Turmalin polychrom

Mineralogie: Mehrfarbig. Turmalin (Bor-Ringsilikat, trigonal, primär)
Indikationen: **(G)** Ganzheit: hilft, Geist, Seele, Verstand und Körper zur harmonischen Einheit zu verbinden; **(S)** regt Phantasie und Träume an; **(V)** hilft, Entwicklungen zu erkennen und steuern; **(K)** harmonisiert Nerven, Stoffwechsel, Hormondrüsen und Immunsystem.
Lit.: 1–9 | 12 | 17 | 19 **Verfüg.:** selten ❍

Turmalin rot (Rubellit)

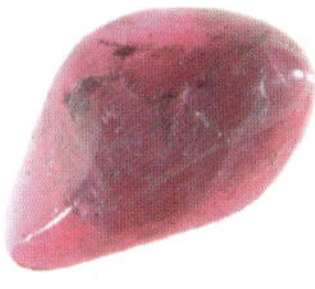

Mineralogie: Roter Turmalin (Bor-Ringsilikat, trigonal, primär)
Indikationen: **(G)** Lebendigkeit; **(S)** macht kontaktfreudig, lebendig, fördert die Freude an der Sexualität; **(V)** hilft, sich aktiv, nachdrücklich und mit Hingabe einer Sache zu widmen; **(K)** stärkt die Funktion von Nerven, Blut, Milz, Leber, Herz und Geschlechtsorganen.
Lit.: 1–8 | 11 | 13 | 14 | 17 | 19 **Verfüg.:** gering ❍

Turmalin Schörl

Mineralogie: Schwarzer Eisen-Aluminium-Turmalin (trig., prim./tert.)
Indikationen: **(G)** Neutralität; **(S)** fördert Gelassenheit, lindert Stress, schützt vor äußeren Einflüssen, verbessert den Schlaf; **(V)** macht nüchtern, klar, logisch und rational; **(K)** hilft bei Strahleneinflüssen, Schmerzen, Verspannungen und Taubheitsgefühlen, entstört Narben.
Lit.: 1–14 | 17–19 **Verfüg.:** gut ❍

Turmalin violett (Apyrit, Siberit)

Mineralogie: Violetter Turmalin (Bor-Ringsilikat, trigonal, primär)
Indikationen: **(G)** Weisheit; **(S)** fördert tiefen Seelenfrieden und hilft, andere Menschen und die Welt »heil zu sehen«; **(V)** hilft, die besten Lösungswege für Probleme zu finden; **(K)** harmonisiert Nervensystem und Hormonhaushalt, reguliert Atmung, Gehirn und Darm.
Lit.: 2 | 4–6 | 19 **Verfüg.:** Rarität ❍

Turmalin »Wassermelonen-Turmalin«

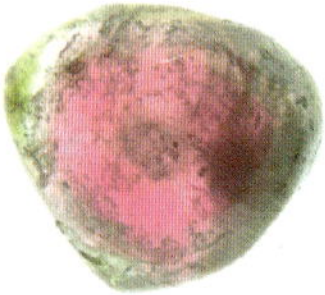

Mineralogie: Grüner Turmalin mit rotem Kern (trigonal, primär)
Indikationen: **(G)** Verständnis; **(S)** fördert Liebe, Freundschaft und Geborgenheit, lindert Ängste und Depression; **(V)** hilft, die eigene Absicht deutlich auszudrücken; **(K)** stärkt das Herz, fördert die Nervenregeneration, hilft bei Lähmungen und Multipler Sklerose.
Lit.: 1–8 | 12 | 17 | 19 **Verfüg.:** selten ❍

Turmalin-Katzenauge

Mineralogie: Faseriger Turmalin m. Lichtschimmer (trigonal, primär)
Indikationen: **(G)** Phantasie; **(S)** regt an, aus reicher innerer Bilderwelt zu schöpfen; **(V)** bringt neue Blickwinkel, zeigt das Besondere in allen Dingen; **(K)** für Nerven, Sinneswahrnehmung, Entgiftung, Ausscheidung und Gelenke, wirkt auf Kopf und Atemwege.
Lit.: 2 | 4 | 6 **Verfüg.:** selten ❍

Turmalinquarz

Mineralogie: Turmalinnadeln (Schörl) in Quarz (trigonal, primär/tert.)
Indikationen: **(G)** Polaritäten verbinden; **(S)** hilft, innere Kämpfe und Konflikte zu lösen; **(V)** ermöglicht, Gegensätze in Harmonie zu bringen; **(K)** löst Anspannung, Verkrampfung, Verhärtung, hält vital und beweglich, fördert Reinigung und Ausscheidung, stärkt die Nerven.
Lit.: 1–6 | 8 | 14 **Verfüg.:** gut ❍

Ulexit

Mineralogie: Natrium-Calcium-Hydrogenborat (triklin, sekundär)
Indikationen: **(G)** Aufmerksamkeit; **(S)** wirkt aufbauend und stabilisierend bei plötzlichen Tiefs und Schwächeanfällen; **(V)** hilft, aufmerksam zu beobachten und die Dinge so zu sehen, wie sie sind; **(K)** stärkt die Nerven, hilft bei Übelkeit und Augenleiden.
Lit.: 2 | 4–6 | 8 **Verfüg.:** gering ❍

Uwarowit (Granat)
Mineralogie: Calcium-Chrom-Inselsilikat (kubisch, tertiär)
Indikationen: **(G)** Individualität, Unabhängigkeit; **(S)** macht neugierig und optimistisch; **(V)** bringt Begeisterung und Tatkraft für eigene Ideen; **(K)** stärkt die Bauchspeicheldrüse, fördert die Entgiftung, wirkt entzündungshemmend und fiebertreibend (wenn notwendig).
Lit.: 1 | 2 | 4 | 6 | 8 | 19 **Verfüg.:** Rarität ❍

Vanadinit
Mineralogie: Bleivanadat (hexagonal, sekundär)
Indikationen: **(G)** Überwindung; **(S)** hilft, Gefühle von Ruin, Zerstörung und Aussichtslosigkeit zu überwinden; **(V)** hilft, sich durch lähmende Angelegenheiten hindurchzuarbeiten; **(K)** aktiviert latente Erkrankungen, hilft bei schlecht heilenden Entzündungen.
Lit.: 2 | 4–6 | 8 **Verfüg.:** gering ❍

Variscit
Mineralogie: Wasserhalt. Aluminiumphosphat (rhomb., sekundär)
Indikationen: **(G)** Aufmunterung; **(S)** hilft gegen chronische Müdigkeit, lindert innere Unruhe; **(V)** macht nüchtern und rational, hilft, sich klar auszudrücken; **(K)** bringt Energie, lindert Übersäuerung, hilft bei Sodbrennen, Gastritis, Magengeschwüren, Rheuma und Gicht.
Lit.: 1–6 | 8 | 9 **Verfüg.:** gering ❍

Verdit (Grünschiefer)
Mineralogie: Gestein m. Fuchsit, Albit, Chlorit u. a. (mono./trikl., tert.)
Indikationen: **(G)** Wachsamkeit; **(S)** hilft, fremde Einflüsse wahrzunehmen, macht stabil und belastbar; **(V)** hilft, Verantwortung für die Folgen eigenen Tuns zu übernehmen; **(K)** fördert Entsäuerung, Entschlackung und Ausscheidung, stärkt Magen-, Leber und Darm.
Lit.: 1 | 2 | 4–6 | 8 **Verfüg.:** gering ❍

Versteinerte Koralle
Mineralogie: Fossile Koralle (Kalk oder Quarz, trigonal, sekundär)
Indikationen: **(G)** Selbstausdruck, Gemeinschaftssinn; **(S)** lindert Ängste sowie seelische und soziale Spannungen; **(V)** fördert Kommunikationsfähigkeit, Teamgeist und Synergie im Zusammenleben; **(K)** hilft bei Atemnot, verkrampften Bronchien und Husten.
Lit.: 2 | 4 | 6 | 8 | 17 **Verfüg.:** gering ❍

Versteinertes Holz (opalisiert)

Mineralogie: In Opal umgewandelt. fossil. Holz (amorph, sekundär)
Indikationen: **(G)** Wohlgefühl; **(S)** macht offen und lebendig bei unerschütterlicher innerer Ausgeglichenheit; **(V)** hilft, die angenehmen, positiven Seiten des Lebens zu sehen; **(K)** macht gesunden Appetit, stärkt Verdauung, Entschlackung und Ausscheidung.
Lit.: 1–9 | 11–14 | 17 **Verfüg.:** gering ❍

Versteinertes Holz »Peanut Wood«

Mineralogie: Fossiles Holz mit Wurmgängen (trigonal, sekundär)
Indikationen: **(G)** Zufriedenheit; **(S)** schafft Wohlbefinden und erleichtert, das Leben so anzunehmen, wie es ist; **(V)** hilft, von außen kommende Veränderungen für eigene Ziele zu nutzen; **(K)** beruhigt die Nerven, hilft bei Übergewicht aufgrund »mangelnder Erdung«.
Lit.: 1–7 | 11–14 | 17 **Verfüg.:** gering ❍

Versteinertes Holz (verkieselt)

Mineralogie: In Quarz umgewandelt. fossil. Holz (trigonal, sekundär)
Indikationen: **(G)** Bodenständigkeit; **(S)** macht stabil und in sich fest »verwurzelt«; **(V)** hilft, »mit beiden Beinen fest auf dem Boden der Realität zu stehen«; **(K)** regt Verdauung und Stoffwechsel an, stärkt die Nerven, hilft bei Übergewicht aufgrund »mangelnder Erdung«.
Lit.: 1–9 | 11–14 | 17 **Verfüg.:** gut ❍

Versteinertes Palmholz

Mineralogie: In Quarz umgewandeltes Palmholz (trigonal, sekundär)
Indikationen: **(G)** Sammlung; **(S)** macht Gefühle fließender und führt sie immer wieder zu einem Punkt der Ruhe zurück; **(V)** hilft, in Gedanken ganz bei der Sache zu sein und flink zu reagieren; **(K)** wirkt flüssigkeits- und stoffwechselregulierend im ganzen Körper.
Lit.: 1–8 | 11–14 | 17 **Verfüg.:** gering ❍

Vesuvian braun (Idokras)

Mineralogie: Mineralstoffreiches Gruppensilikat (tetragonal, tertiär)
Indikationen: **(G)** Charakterstärke; **(S)** bringt Standfestigkeit, hilft, Ärger und Verdruss abzubauen; **(V)** ermöglicht, Konflikte zu lösen und den eigenen Prinzipien treu zu bleiben; **(K)** stärkt die Verdauung, fördert die Genesung bei schweren und chronischen Erkrankungen.
Lit.: 2 | 4–6 | 8 **Verfüg.:** selten ❍

Vesuvian grün (Idokras)
Mineralogie: Mineralstoffreiches Gruppensilikat (tetragonal, tertiär)
Indikationen: (G) Ehrlichkeit, Forschergeist; **(S)** ermöglicht, Gewohnheiten und Ängste zu überwinden; **(V)** hilft, Masken und falsche Fassaden bewusst abzubauen; **(K)** fördert die Regeneration, stärkt Leber und Nerven, entsäuert und wirkt entzündungshemmend.
Lit.: 2 | 4–6 | 8 **Verfüg.:** selten ❍

Vesuvian violett (Idokras)
Mineralogie: Mineralstoffreiches Gruppensilikat (tetragonal, tertiär)
Indikationen: (G) Glaubwürdigkeit; **(S)** ermöglicht, sich in der eigenen Mitte zu verankern; **(V)** unterstützt die Sinnsuche und regt an zu tun, was man/frau sagt; **(K)** hilft bei Mineralstoffmangel, reguliert den Elektrolythaushalt, schützt Haut und Schleimhäute.
Lit.: 2 | 4–6 | 8 **Verfüg.:** selten ❍

Vesuvianit (Californit)
Mineralogie: Vesuvianhaltiges Gestein (Vesuvian: tetragonal, tertiär)
Indikationen: (G) Ehrlichkeit, Interesse, Neugier; **(S)** hilft, starke Verhaftungen und Verhaltensmuster zu ändern; **(V)** regt offene Aussprachen zur Klärung von Verdruss und Enttäuschung an; **(K)** fördert Entsäuerung und Regeneration, wirkt entzündungshemmend.
Lit.: 2 | 4–6 | 8 **Verfüg.:** gering ❍

Vivianit
Mineralogie: Wasserhaltiges Eisenphosphat (monoklin, sekundär)
Indikationen: (G) Intensität; **(S)** wirkt belebend, befreit vergrabene Gefühle, macht das Leben intensiv und mitunter aufregend; **(V)** hilft bei Langeweile und bringt frischen Wind in verstaubte Beziehungen; **(K)** entsäuert, regt die Leber an, hilft bei Schwäche u. Kraftlosigkeit.
Lit.: 2 | 4 | 6 | 8 **Verfüg.:** Rarität ❍

Wollastonit
Mineralogie: Calcium-Kettensilikat (triklin, primär/tertiär)
Indikationen: (G) Festigkeit, Halt; **(S)** fördert die Standhaftigkeit bei emotionalen Angriffen; **(V)** große Entschlusskraft, festigt die eigenen Überzeugungen; **(K)** fördert Gewebe, Wachstum, Körperwahrnehmung, Haltung und Koordination der Bewegungen.
Lit.: 2 | 4 | 6 | 8 **Verfüg.:** selten ❍

Wulfenit (Gelbbleierz)
Mineralogie: Bleimolybdat (tetragonal, sekundär)
Indikationen: **(G)** Bewegungsfreiheit; **(S)** befreit von zwanghafter Zurückhaltung; **(V)** hilft Anpassung und Erziehungsmuster zu erkennen und freier damit umzugehen; **(K)** hilft bei Verhärtungen, Austrocknung, Abmagerung, Muskelschwund und Steinbildungen.
Lit.: 2 | 4 | 6 | 8 **Verfüg.:** selten ❍

Zirkon
Mineralogie: Zirkonium-Inselsilikat (tetragonal, primär)
Indikationen: **(G)** Daseinssinn; **(S)** hilft, Verluste zu überwinden und »Festhaltenwollen« loszulassen; **(V)** bringt die Erkenntnis, was vergänglich und was wirklich wichtig ist; **(K)** wirkt leberanregend, schmerzlindernd und krampflösend, u. a. bei verspäteter Menstruation.
Lit.: 1–6 | 8 | 9 | 11 | 16 | 19 **Verfüg.:** gering ❍

Zitronenmagnesit (Nickel-Magnesit, »Zitronenchrysopras«)
Mineralogie: Nickelhaltiger Magnesit, z. T. verkieselt (trigonal, sek.)
Indikationen: **(G)** Lebensbejahung, Offenheit; **(S)** Aufmunterung, hilft, Einsamkeit und Hemmungen zu überwinden; **(V)** Selbstkritik, Witz und Schlauheit; **(K)** hilfreich zur Entschlackung, bei Übersäuerung sowie bei Muskelkater und Folgen von Überanstrengung.
Lit.: 2 | 4–6 | 8 | 19 **Verfüg.:** gering ❍

Zoisit
Mineralogie: Calcium-Aluminium-Gruppensilikat (rhombisch, tertiär)
Indikationen: **(G)** Regeneration, Konstruktivität; **(S)** fördert die Erholung nach Krankheiten oder schweren Belastungen; **(V)** hilft, sich aus Anpassung und Fremdbestimmung zu lösen; **(K)** hemmt Entzündungen und stärkt die Regeneration der Zellen und Gewebe.
Lit.: 1–8 | 11 | 13 | 14 | 17 | 19 **Verfüg.:** gut ❍

Zoisit mit Rubin (Anyolith)
Mineralogie: Rubin in Zoisitmatrix (trigonal/rhombisch, tertiär)
Indikationen: **(G)** Dynamik, Regeneration; **(S)** belebt verschüttete Gefühle wieder, stärkt die Potenz; **(V)** fördert schöpferisches Engagement; **(K)** wirkt entsäuernd, regenerierend und fruchtbarkeitsfördernd, bei Beschwerden von Milz, Prostata, Hoden und Eierstöcken.
Lit.: 1–8 | 11 | 13 | 14 | 17 **Verfüg.:** gering ❍

Suchregister

Eisenmeteorit: Eisen-Nickel-Meteorit
Eisenoolith: Oolith
Eklogit: Eklogit, Glaukophanschiefer
Elestial: Bergkristall »Skelettquarz«
Elfenbein-Jaspis: Jaspis beige
Engelberger Alabaster: Alabaster Engelberg
Enhydro: Achat »Wasserachat«
Eosit: Dolomit orange
Erbsenstein: Kalkoolith
Fadenquarz: Bergkristall »Fadenquarz«
Fasergips: Selenit
Faserquarz: Falkenauge, Tigerauge
Feldspat: Albit, Amazonit, Feldspat (Buntfeldspat), Labradorit, Mondstein, Orthoklas, Sonnenstein
Fensterkristall: Bergkristall »Fensterkristall«
Ferro-Enstatit: Bronzit, Hypersthen
Festungsachat: Achat »Festungsachat«
Feuerachat: Achat »Feuerachat«
Feuerstein: Flint
Flammenachat: Achat »Flammenachat«
Flashstone: Bergkristall »Blitzquarz«
Fleck-Lapis: Lapislazuli mit Calcit
Fleischachat: Achat rot
Flint bunt: Hornstein bunt
Fluorit-Opal-Jaspis: Tiffany Stone
Friedensachat: Achat weiß
Fuchsit-Quarzit: Aventurinquarz grün, Grünquarz
Gebärender Stein: Biotit-Linse
Gelbbleierz: Wulfenit
Generatorkristall: Bergkristall »Generatorkristall«
Gips: Alabaster, Sandrose, Selenit
Glas natur: Libysches Wüstenglas
Glaskopf, roter: Hämatit (Roter Glaskopf)
Glaukophan mit Granat: Glaukophanschiefer
Glimmer: Biotit-Linse, Fuchsit, Lepidolith, Muskovit, Phlogopit
Goldlabradorit: Labradorit Goldlabradorit
Goldobsidian: Obsidian »Goldobsidian«
Goldorthoklas: Orthoklas »Goldorthoklas«
Goldstone: Konglomerat
Goldtopas: Topas »Goldtopas«
Goshenit: Beryll farblos
Granat: Almandin, Andradit, Chromgrossular, Grossular, Grossularit, Hessonit, Hydrogrossular, Melanit, Pyrop, Rhodolith, Spessartin, Tsavorit, Uwarowit
Granat braun: Andradit, Hessonit, Spessartin
Granat grün: Chromgrossular, Grossular, Grossularit, Hydrogrossular, Tsavorit, Uwarowit
Granat rosa: Grossular, Hydrogrossular, Rhodolith
Granat rot: Almandin, Pyrop, Rhodolith
Granat schwarz: Melanit
Granat in Matrix: Granat-Glimmerschiefer
Granat-Zirkon-Quarz: Hilutit
Großmutter-Großvater-Kristall: Bergkristall »Schamanen-Dow-Kristall«
Hämatit-Feldspat: Sonnenstein
Hämatit-Quarz: Hämatitquarz, Mandarinenkristall, Rosenkristall
Hämatit-Quarzit: Aventurinquarz orange oder rot
Harmoniequarz: Bergkristall »Harmoniequarz«
Herkimer-Diamant: Bergkristall »Herkimerquarz«
Herkimerkristall: Bergkristall »Herkimerquarz«
Himbeerquarz: Aventurinquarz rot
Holzachat: Achat »Holzachat«
Honduras-Opal: Opal Edelopal »Honduras-Opal«
Honigblende: Sphalerit
Honigcalcit: Calcit honigfarben
Hyalith: Opal »Wasseropal«
Idokras: Vesuvian
Imperialtopas: Topas »Imperialtopas«
Indigolith: Turmalin blau
Indigolith-Quarz: Blauquarz
Indischer Jaspis: Jaspis bunt
Iolith: Cordierit
Iolith-Sonnenstein: Cordierit »Iolith-Sonnenstein«
Isiskristall: Bergkristall »Isiskristall«

Ivoryit: Dolomit beige
Jade: Jadeit, Lavendel-Jade, Mawsitsit, Nephrit
Jadealbit: Mawsitsit
Jadeit lila: Lavendel-Jade
Jett: Gagat
Kabambastein: Eldarit »Kabambastein«
Kakoxenit: Goethitquarz
Kalkstein: Picasso-Marmor, Ruinen-Marmor
Karneol gelb: Chalcedon gelb
Karneolachat: Karneol gebändert
Kastanien-Aragonit: Aragonit braun
Kathedralenquarz: Bergkristall »Kathedralenquarz«
Katzenauge: Chrysoberyll-Katzenauge
Klinochlor: Seraphinit
Kobaltcalcit: Dolomit, »Kobaltdolomit«
Kobaltdolomit: Dolomit, »Kobaltdolomit«
Korite: Ammolith
Kristall-Achat: Achat »Kristall-Achat«
Kristallaggregat: Bergkristall »Kristallaggregat«
Kristallopal: Opal Edelopal, »Kristallopal«
Kristallsalz: Halit
Kugelpyrit: Pop-Rocks
Kugelrhyolith: Ozeanchalcedon
Kupferchalcedon: Chalcedon »Kupferchalcedon«
Kyanit: Disthen blau
Laceachat: Achat »Laceachat«
Lamellenachat: Achat »Lamellenachat«
Lamellenobsidian: Obsidian »Lamellenobsidian«
Landschaftsjaspis: Kalahari Picture Stone
Landschaftsporcellanit: Porcellanit
Landschaftsstein: Kalahari Picture Stone
Laserquarz: Bergkristall »Laserquarz«
Lava: Basalt-Lava
Leopardenfelljaspis: Meta-Rhyolith
Leopardenopal: Opal in Matrix
Leopardenstein: Meta-Rhyolith
Leopardita: Onkolith
Light Opal: Opal Edelopal weiß
Limonit: Limonit (Toneisenstein), Moqui Marbles, Tsesit
Limonit-Kugeln: Moqui Marbles
Mahagoni-Obsidian: Obsidian »Mahagoni-Obsidian«
Manganocalcit: Calcit rosa
Manifestationsquarz: Bergkristall »Manifestationsquarz«
Margarita-Stein: Kalkoolith
Marienglas: Selenit
Matrixopal: Opal Edelopal, Matrixopal
Medialer Kristall: Bergkristall »Medialer Kristall«
Metapelit: Glimmerschiefer
Meta-Rhyolith: Eldarit, Meta-Rhyolith
Meteorit: Eisen-Nickel-Meteorit, Pallasit
Milchopal: Opal weiß
Moosopal: Opal »Moosopal«
Morion: Rauchquarz dunkel
Muschel: Abalone
Muskovit-Quarzit: Aventurinquarz weiß
Nadelquarz: Bergkristall »Nadelquarz«
Naturglas: Libysches Wüstenglas
Nebelquarz: Girasolquarz
Nebulastein: Eldarit »Nebulastein«
Nickelkies: Nickelin
Nickel-Magnesit: Zitronenmagnesit
Olenit-Quarz: Blauquarz
Olivin-Granat-Fels: Granat-Peridotit
Opal-Holz: Versteinertes Holz (opalisiert)
Opal-Ignimbrit: Opal Edelopal »Honduras-Opal«
Opalisiertes Holz: Versteinertes Holz (opalisiert)
Orangencalcit: Calcit orange
Ozeanachat: Ozeanchalcedon
Ozeanjaspis: Ozeanchalcedon
Paraiba-Turmalin: Turmalin »Paraiba-Turmalin«
Paua-Muschel: Abalone
Peanut Wood: Versteinertes Holz »Peanut Wood«
Pektolith blau: Larimar
Peridot: Olivin
Perlmutt: Abalone
Petoskey-Stein: Versteinerte Koralle
Phantomquarz: Bergkristall »Phantomquarz«, Rauchquarz mit Phantom

Phlogopit-Anthophyllit: Hermanover Kugel
Piemontit-Quarzit: Aventurinquarz rot, Piemontit-Quarz
Pinktopas: Topas pink
Pistazienopal: Opal »Pistazienopal«
Poppy-Jaspis: Jaspis »Poppy-Jaspis«
Pop-Jaspis: Jaspis »Poppy-Jaspis«
Prasemquarz: Budstone
Prasopal: Opal »Prasopal«
Pyrit-Limonit: Pop-Rocks
Quarz weiß: Schneequarz
Quarz-Gwindel: Gwindelquarz
Quarzit: Aventurinquarz, Blauquarz, Grünquarz, Schneequarz
Rauchobsidian: Obsidian »Rauchobsidian«
Regenbogenfluorit: Fluorit bunt
Regenbogen-Mondstein: Labradorit weiß
Regenbogen-Obsidian: Obsidian »Regenbogen-Obsidian«
Regenbogenquarz: Bergkristall »Regenbogenquarz«
Regenwald-Jaspis: Meta-Rhyolith
Regenwaldstein: Meta-Rhyolith
Rhyolith: Eldarit, Meta-Rhyolith
Rogenstein: Kalkoolith
Röhrenachat: Achat »Röhrenachat«
Rosenchalcedon: Chalcedon rosa
Roter Glaskopf: Hämatit (Roter Glaskopf)
Rotnickelkies: Nickelin
Rubellit: Turmalin rot
Rubin-Zoisit: Zoisit mit Rubin (Anyolith)
Salz: Halit
Sambesit: Prasiolith-Amethyst
Samenquarz: Bergkristall »Samenquarz«
Sammelkristall: Bergkristall »Sammelkristall«
Schamanen-Dow-Kristall: Bergkristall »Schamanen-Dow-Kristall«
Schichtachat: Achat »Schichtachat«
Schillerquarz: Quarz-Katzenauge
Schlangenhautachat: Achat »Schlangenhautachat«
Schneeflocken-Epidot: Epidot-Feldspat
Schneeflocken-Obsidian: Obsidian »Schneeflocken-Obsidian«
Schörl: Turmalin Schörl
Schwarzopal: Opal Edelopal Schwarz
Schwerspat: Baryt
Selbstheiler: Bergkristall »Harmoniequarz«
Silberauge: Serpentin »Silberauge«
Silberobsidian: Obsidian »Silberobsidian«
Silbertopas: Topas farblos
Silex: Jaspis rot
Skelettquarz: Bergkristall »Skelettquarz«
Smaragdquarz: Smaragd in Quarzit
Speckstein: Steatit
Spektrolith: Labradorit »Spektrolith«
Sphalerit-Wurtzit: Schalenblende
Sphen: Titanit
Spodumen: Hiddenit, Kunzit
Sprossenquarz: Bergkristall »Sprossenquarz«
Steinsalz: Halit
Steinkohle: Schungit
Sternachat: Achat »Sternachat«
Sterndiopsid: Diopsid »Sterndiopsid«
Sternrosenquarz: Rosenquarz »Sternrosenquarz«
Sternrubin: Rubin »Sternrubin«
Sternsaphir: Saphir »Sternsaphir«
Syenit-Monzonit: Larvikit
Szepterquarz: Bergkristall »Szepterquarz«
Tabularkristall: Bergkristall »Tabularkristall«
Talk: Steatit
Tantrischer Zwilling: Bergkristall »Tantrischer Zwilling«
Thunderegg: Achat »Donnerei«
Tigeraugenquarz: Goldquarz
Toneisenstein: Limonit
Transmitterkristall: Bergkristall »Transmitterkristall«
Trümmerachat: Achat »Trümmerachat«
Trümmer-Jaspis: Jaspis »Brekzien-Jaspis«, Konglomerat
Tsavolith: Tsavorit
Turitella-Achat: Jaspis »Turitella-Jaspis«
Turitella-Jaspis: Jaspis »Turitella-Jaspis«
Unakit: Epidot-Feldspat
Uruguay-Achat: Achat »Uruguay-Achat«
Vanadiumberyll: Beryll (Vanadiumberyll)

Ventilachat: Achat »Ventilachat«
Verdelith: Turmalin grün
Veta Opal: Opal Edelopal, »Veta Opal«
Vulkanjaspis: Jaspis »Vulkanjaspis«
Wasserachat: Achat »Wasserachat«
Wassermelonen-Turmalin: Turmalin »Wassermelonen-Turmalin«
Wasseropal: Opal »Wasseropal«
Wüstenglas: Libysches Wüstenglas
Yowah-Nuss: Opal Edelopal, »Yowah-Nuss«
Zebra-Achat: Achat weiß-schwarz
Zebra-Marmor: Marmor »Zebra-Marmor«
Zeolith: Heulandit, Klinoptilolith, Natrolith, Skolezit, Stilbit
Zepterquarz: Bergkristall »Szepterquarz«
Zinkblende: Sphalerit
Zinnober: Cinnabarit
Zinnober-Opal: Cinnabarit-Opal
Zitronencalcit: Calcit gelb
Zitronenchrysopras: Zitronenmagnesit
Zuckerdolomit: Dolomit weiß

Abbildungsnachweis

Ines Blersch, www.inesblersch.de: Alle Fotos außer den folgenden.

Wolfgang Dengler, www.weltimstein.de: Achat Festungsachat, Achat Flammenachat, Achat Holzachat, Achat Kristall-Achat, Achat Lamellenachat, Achat Sternachat, Achat Trümmerachat, Achat Uruguay-Achat, Alabaster weiß, Aragonit braun, Aventurinquarz rot (Piemontit-Quarzit), Axinit, Eclipse, Opal Honduras Opal, Opal Veta-Opal, Sonora Sunrise

Kazimieras Mizgiris, www.ambergallery.lt: Bernstein blau, Bernstein braun, Bernstein rot, Bernstein schwarz, Bernstein weiß

Karola Sieber, www.makrogalerie.de: Achat Zebraachat, Aegirin, Albit weiß, Amphibolit, Andalusit, Apatit schwarz, Auroraquarz, Aventurinquarz blau, Aventurinquarz weiß, Basalt, Basalt-Lava, Baumachat (Chalcedon), Bergkristall Regenbogenquarz, Bronzit-Gabbro, Calcit Doppelspat, Chromchalcedon, Citrin, Diamant gelb, Diamant grau, Diamant schwarz, Disthen schwarz, Eilatstein, Eldarit Kabambastein, Feueropal, Flint schwarz, Girasolopal, Girasolquarz, Goldberyll, Granat-Amphibolit, Grossular grün, Grossular rosa, Halit blau, Halit orange, Halit violett, Hauyn, Labradorit Goldlabradorit, Magnetit, Mondstein farblos, Nephrit, Nuummit, Obsidian Lamellenobsidian, Opal weiß (Edelopal), Opal Pistazienopal, Opal-Katzenauge, Orthoklas weiß, Plasma, Rubin-Disthen-Fuchsit, Seraphinit, Smithsonit rosa, Spinell blau, Spinell schwarz, Topas Imperial, Topas pink, Tsesit

Marco Schreier Mineralienhandlung, www.marcoschreier.de: Baryt rot

Dank

Mein herzlicher Dank richtet sich zuallererst an Ute Weigel aus Wuppertal, deren Anfrage nach einer Erweiterung meines Buchs »Die Steinheilkunde« den Stein ins Rollen brachte. Die bereits 1993 begonnene Arbeit an einem Heilsteine-Verzeichnis erreichte dadurch nach 10 Jahren ihre erste und nun nach 20 Jahren ihre zweite große Etappe. Darüber hinaus gilt mein besonderer Dank Annette Jakobi für ihre unermüdlichen Recherchen, Walter von Holst für alle steinheilkundlichen Informationen, Anmerkungen und Korrekturen, Dr. Andreas Stucki für viele geologische Informationen, Bernhard Bruder von EPI für die gemmologischen Untersuchungen und die Korrektur der mineralogischen Angaben sowie dem ganzen Team des »Neuen Lexikons der Heilsteine« für die viele Arbeit, die nun auch Teil dieses Büchleins wurde.

Außerdem danke ich Ines Blersch aus Stuttgart für die Fleißaufgabe, 500 Steine von ihrer besten Seite abzulichten, Wolfgang Dengler und Karola Sieber für weitere erstklassige Fotos sowie Kazimieras Mizgiris vom Bernsteinmuseum in Vilnius/Litauen für die speziellen Bernstein-Fotos. Fred Hageneder von Dragon Design danke ich für die Meisterleistung, das dicke Infobündel in ein handliches Taschenbuch zu verwandeln, und natürlich danke ich Andreas Lentz, meinem Verleger, ganz herzlich für die Geduld mit den ständig verschobenen Fertigstellungsterminen.

Darüber hinaus danke ich allen, die dieses Heilsteine-Verzeichnis durch ihre Beiträge und Informationen zu aktuellen Steinen, Heilwirkungen und Verfügbarkeiten erst ermöglichten, sowie allen, die mich herzhaft in ihre Sammlungen greifen ließen, um »Fotomodelle« zu finden: Franca Bauer, Werner Berger, Harald Bögl, Adriana Breukink, Ruth Degelo, Wolfgang Dei, Beate und Jörg Diederich, Petra Endres, Erwin Engelhardt, Erik Fey, Dagmar Fleck, Manfred Flinzner, Margarete Gebbers, Joachim Goebel, Claire Herrmann, Walter von Holst, Annette und Dieter Jakobi, Angelika Jung, Ava Keller, Peter Kellermeier, Brigitte Krawietz-Rometsch, Tim Lemke, Boris Lessenich, Susanne und Peter Lind, Ursula und Joachim Neumann, Peter Peiner, Jörg Sahlmann, Sabine Schneider-Kühnle, Marco Schreier, Anita Schöpf, Karl-Heinz Schwarz, Isabel Silveira, Andreas Stucki, Kerstin Wagner, Ute Weigel und Sarala Zimper.

Bibliographie

1 Michael Gienger, Die Steinheilkunde, Neue Erde, Saarbrücken 1995
2 Michael Gienger, Lexikon der Heilsteine, Neue Erde, Saarbrücken 2000
3 Michael Gienger, Die Heilsteine Hausapotheke, Neue Erde, Saarbrücken 1999
4 Michael Gienger, Das Neue Lexikon der Heilsteine (Abonnement), Michael Gienger GmbH, Tübingen 2013
5 Gienger/Bruder, Welcher Heilstein ist das?, Kosmos, Stuttgart 2009
6 Kühni/von Holst, Enzyklopädie der Steinheilkunde, 3. Auflage, AT Verlag, Aarau 2009
7 Barbara Newerla, Sterne und Steine, Neue Erde, Saarbrücken 2000
8 Kühni/von Holst, Taschenlexikon der Heilsteine, AT Verlag, Baden 2004
9 Kühni/von Holst, Gesund durch Heilsteine und Öle, AT Verlag, Baden 2005
10 Michael Gienger, Heilsteine – Ihre Kraft und Wirkung kennen und nutzen, Kosmos, Stuttgart 2013
11 Gienger/Maier, Heilsteine der Organuhr, Neue Erde, Saarbrücken 2007
12 Michael Gienger, Ein Stein für jeden Anlass, Neue Erde, Saarbrücken 2013
13 Gienger/Goebel, Edelsteinwasser, Neue Erde, Saarbrücken 2006
14 Gienger/Goebel, Wassersteine, Neue Erde, Saarbrücken 2007
15 Gienger/Glaser, Salz, Neue Erde, Saarbrücken 2003
16 Michael Gienger, Die Heilsteine der Hildegard von Bingen, Neue Erde, Saarbrücken 2004
17 Michael Gienger u. a., Edelstein-Massagen, Neue Erde, Saarbrücken 2004
18 Michael Gienger, Die Heilsteine Taschenapotheke, Neue Erde, Saarbrücken 2012
19 Bernhard Bruder, Geschönte Steine, Neue Erde, Saarbrücken 2005
20 Audronė Ilgevičienė, Bernstein – Stein des Meeres, des Lichtes und der Sonne, Neue Erde, Saarbrücken 2009
21 Isabel Silveira, Wesen und Wirken der Kristalle, Neue Erde, Saarbrücken 2007

Die vorangestellten Zahlen beziehen sich auf die Literaturangaben bei den einzelnen Steinbeschreibungen dieses Verzeichnisses.

Adressen

Steinheilkunde e.V.
Steinheilkunde-Forschung, Öffentlichkeitsarbeit, Verbraucherschutz
www.steinheilkunde-ev.de

Fair Trade Minerals & Gems e.V.
Verein zur Förderung von Fairness und Humanität im weltweiten Mineralien- und Edelsteinhandel
www.fairtademinerals.de

Cairn Elen Steinheilkunde-Netzwerk
Edelsteinberatungen, Seminare und Ausbildungen in Steinheilkunde
www.steinheilkunde-netzwerk.de

Cairn Elen Lebensschulen
Edelsteinberatungen, Seminare und Ausbildungen in Steinheilkunde
www.cairn-elen.de
www.cairn-elen-annette-jakobi.de
www.cairn-elen-dagmar-fleck.de

Die Individuelle Therapie
Praxis und Netzwerk für ganzheitliche Naturheilkunde
www.individuelle-therapie.de

Edelstein-Massagen
Informationen und Kontaktadressen zu Edelsteinmassagen
www.edelstein-massagen.de

Edelstein-Balance
Seminare und Ausbildungen in Edelsteinbalance®, ganzheitliches Konzept für Gesundheit und Wellness
www.edelstein-balance.de

Akademie Lapis Vitalis®
Seminare und Vorträge zur Steinheilkunde, Ausbildungen zum Lapis-Vitalis-Therapiestein-Berater
www.lapisvitalis.de

Steinkreis
Edelsteinberatung und Seminare zur Steinheilkunde mit Walter von Holst
www.steinkreis.de

EPI – Institut für Edelstein Prüfung
Edelstein-Prüfinstitut; Kontakt zu Fachhändlern mit geprüften Steinen (GKS-Siegel).
www.epigem.de

Cairn Tara Edelsteinprodukte
Pflege und Kosmetik mit Edelsteinen: Edelsteinöle, Edelsteinhydrolate und mehr...
www.cairntara.de

Baubiologie und Schlafplatzuntersuchungen
Barbara & Peter Newerla: www.newerla.de
Kristallquelle Polling: www.kristallquelle.de

Freiraum Media
Vorträge und Seminare von Michael Gienger auf DVD
www.freiraum-media.com

Das maßgebliche Standardwerk

Dieses Buch bietet im ersten Teil die Grundlagen der Steinheilkunde, wie und warum sie wirkt. Im zweiten Teil werden über hundert Steine ausführlich vorgestellt, die heilkundlich bereits gut erforscht sind. Die vielfältigen Aspekte der Heilung von Körper, Geist und Seele durch spezifische Steine werden hier ausführlich beschrieben.

Michael Gienger
Die Steinheilkunde
Das Handbuch
Paperback, 448 Seiten,
mehr als 100 Farbtafeln
ISBN 978-3-89060-749-8

Michael Gienger

Die Heilsteine Hausapotheke

Hier gesucht, heißt schnell gefunden! In diesem zuverlässigen, praxiserprobten Ratgeber werden über 230 Erkrankungen bzw. seelische Beschwerden besprochen sowie die Möglichkeiten und Grenzen ihrer steinheilkundlichen Therapie erläutert.

320 Seiten, Paperback

ISBN 978-3-89060-078-9

Michael Gienger

Die Heilsteine Taschenapotheke

Mit wenigen Steinen viel bewirken: Mit einer Auswahl von nur 12 Steinen lassen sich viele Beschwerden von A wie Allergien bis Z wie Zahnschmerzen kurieren. Die ideale Reiseapotheke – mehr dazu in diesem Büchlein.

64 Seiten, Paperback

ISBN 978-3-89060-613-2

Michael Gienger, Joachim Goebel

Wassersteine

Dieses kleine Buch bietet alle wichtigen Informationen zur Herstellung, Wirkung und Anwendung von Edelsteinwasser. Mehr als dreißig bewährte Edelsteinwasser-Mischungen und über 100 Wassersteine werden eingehend dargestellt.

96 Seiten, Paperback

ISBN 978-3-89060-260-8

Michael Gienger

Reinigen, Aufladen, Schützen

Wie wir Heilsteine richtig zur Wirkung bringen: Die Anwendung von Heilsteinen setzt einen achtsamen Umgang voraus. Hier erfahren Sie alles, was Sie zur Reinigung und Pflege von Heilsteinen wissen sollten – und manches mehr...

64 Seiten, Paperback

ISBN 978-3-89060-277-6

Michael Gienger

Ein Stein für jeden Anlass

Steine sind eine schöne Gelegenheit, unseren Mitmenschen alles Gute zu wünschen. Dieses Buch zeigt die passenden Stein-Geschenke für Geburtstag, Taufe, Jubiläum und andere Anlässe und beschreibt in berührenden Worten ihre Botschaft.

96 Seiten, Paperback

ISBN 978-3-89060-623-1

Kaya Lemke

Das Heilsteine-ABC

Für einen spielerischen und lehrreichen Umgang mit Edelsteinen

Mit diesem Buch können Kinder ab dem Lesealter spielerisch den Umgang mit Edelsteinen lernen. In kindgerechter Weise beschreibt Kaya Lemke auf sehr liebevolle Art, was es mit der Wirkung von Edelsteinen auf sich hat.

Paperback, Taschenformat, 80 Seiten,
durchgehend mit farbigen Fotos

ISBN 978-3-89060-580-7

NEUE ERDE im Buchhandel

Neue Erde ist ein kleiner unabhängiger Verlag, und der unabhängige Buchhandel ist unser natürlicher Partner. Wir unterstützen die Initiative »buy local«.

Sollte es Lieferschwierigkeiten bei den Büchern von NEUE ERDE geben, lassen Sie immer im VLB (Verzeichnis lieferbarer Bücher) nachsehen, im Internet unter www.buchhandel.de

Alle lieferbaren Titel des Verlags sind für den Buchhandel verfügbar.

Auch mobil können Sie, zum Beispiel mit der App von LChoice, unsere Bücher beim örtlichen Buchhändler kaufen.

Sie finden unsere Bücher auch auf unserer Homepage www.neue-erde.de oder in unserem Gesamtverzeichnis, welches Sie gerne hier anfordern können:

NEUE ERDE GmbH
Cecilienstr. 29 · 66111 Saarbrücken
info@neue-erde.de

NEUE ERDE